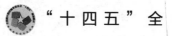

"十四五" 全

国家统计局统计继

统计法律法规实务

■ 国家统计局统计继续教育系列培训教材编委会 编

中国统计出版社
China Statistics Press

图书在版编目(CIP)数据

统计法律法规实务 / 国家统计局统计继续教育系列
培训教材编委会编. —— 北京：中国统计出版社，2024.1
"十四五"全国统计规划教材. 国家统计局统计继续
教育系列培训教材
ISBN 978—7—5230—0399—2

Ⅰ. ①统… Ⅱ. ①国… Ⅲ. ①统计法－中国－教材
Ⅳ. ①D922.291

中国国家版本馆 CIP 数据核字(2024)第 041521 号

统计法律法规实务

作　　者/国家统计局统计继续教育系列培训教材编委会
责任编辑/罗　浩
执行编辑/宋怡璇
封面设计/黄　晨
出版发行/中国统计出版社有限公司
通信地址/北京市丰台区西三环南路甲 6 号　邮政编码/100073
发行电话/邮购(010)63376909　书店(010)68783171
网　　址/http://www.zgtjcbs.com/
印　　刷/河北鑫兆源印刷有限公司
开　　本/710mm×1000mm　1/16
字　　数/172 千字
印　　张/14.5
版　　别/2024 年 1 月第 1 版
版　　次/2024 年 1 月第 1 次印刷
定　　价/49.00 元

国家统计局统计继续教育系列培训教材

编委会名单

一、主任委员

康　义

二、常务副主任委员

毛有丰

三、副主任委员

盛来运　蔺　涛　毛盛勇　夏雨春　刘爱华

四、委员（按姓氏笔画为序）

王有捐　王贵荣　王萍萍　叶礼奇　付凌晖

刘文华　刘玉琴　齐占林　汤魏巍　李锁强

张　毅　张　琳　陈悟朝　赵同录　胡汉舟

闫海琪　徐荣华　彭永涛　董礼华　雷小武

翟善清

五、编辑部成员

主　任：邱　伟　孙志强

成　员：何继庆　罗　浩　李一辰　李　锐　韩　冲

　　　　姜　洋　刘　昕　胡天驰　王法警　刘晓丽

　　　　邓周鹏　乔　阳　赵　毅　熊丹书　荣文雅

　　　　宋怡璇　廖思源

本书编写组

主　　编：毛有丰

副 主 编：刘玉琴　　江　源　　翟善清　　蒋荣永　　张舒阳
　　　　　王　新　　俞炳彬　　李希如　　赵庆河　　张丽娟

编写人员：崔　慧　　马　婧　　潘　锐　　孙　晓　　朱　娜
　　　　　李桂芝　　曹晓广　　包红艳　　智贵鹏　　王　晨
　　　　　陈忠冶　　崔志永　　赵金龙　　胡博婧　　李　昌
　　　　　丁学苹　　梁孟华　　刘玉锋　　冯　姣　　孙　岩
　　　　　李　丹　　王　琳　　蒋瑞琪　　邓亚景

出版说明

统计工作是经济社会发展的重要综合性基础性工作,强化统计基层基础建设,是推动统计现代化改革和高质量发展的一项重要工作,统计继续教育培训是提高基层统计工作人员的业务素质和能力的重要途径,适应统计改革发展新形势新要求,编写统一、规范的统计继续教育系列培训教材尤为必要。

为深入贯彻党的二十大关于"统筹职业教育、高等教育、继续教育协同创新,加强教材建设和管理"的精神,进一步落实《"十四五"时期统计现代化改革规划》关于"编写实用的统计干部培训教材,提高教育培训的针对性、实效性"工作部署,统计继续教育系列培训教材编委会组织编写了《国家统计局统计继续教育系列培训教材》。本系列教材列入"十四五"全国统计规划教材,按专业设置20个分册,涵盖统计在岗从业者应知应会内容,力求贴近统计工作实际,反映工作中遇到的问题并予以解答。在写法上力求创新,具有针对性、适应性、工具性,以案例分析为导向,内容力求简明扼要,通俗易懂,契合统计从业者提高工作能力、完善统计知识结构的现实需求。望此书能为广大统计工作者进一步提升统计工作能力和水平,助力统计现代化改革和高质量发展提供帮助。

本系列教材在编写过程中,得到了国家统计局各单位的大力支持,在此表示诚挚的谢意。

统计继续教育系列培训教材编委会

2024 年 1 月

前　言

为进一步加强统计法治建设，推动统计机构和统计人员全面学习和执行统计法律法规、统计政令和统计调查制度，国家统计局统计执法监督局组织编写《统计法律法规实务》一书。

本书对统计法律制度、统计法律主体、统计违法行为和法律责任、统计执法检查、统计行政复议与行政诉讼等内容进行了系统的阐述，设专章对国家统计调查制度主要指标概念、填报原则与内容、指标填报易错点及执法检查要点进行重点解读，并对典型统计违纪违法案例进行分析点评。

希望本书能为统计工作者做好统计工作提供帮助。愿我们在依法统计依法治统的道路上携手同行，共同为构建良好的统计环境贡献力量！

本书编写组

目　录

第一章　统计法律制度概述

第一节　统计法概述

一、统计法的基本含义

统计法是调整统计活动中发生的各类社会关系的行为规范的总称，它是由国家制定的关于统计活动的行为准则。具体地说，统计法规定了政府统计活动的组织实施机关及其工作人员以及国家机关、企业事业单位和其他组织、个体工商户、个人等统计调查对象在统计活动中所形成的社会关系，包括统计机构的职责职权，统计人员的职责职权，统计调查对象的权利、义务，违法不履行职责、义务应承担的法律责任等。

统计法有广义和狭义之分。狭义的统计法仅指《中华人民共和国统计法》（下文称《统计法》）。广义的统计法是指统计法律制度，包括统计法律、统计行政法规、统计地方性法规、统计规章和统计规范性文件。统计法不是各类统计法律制度的简单罗列，而是一个有机的体系。在我国有权制定统计法律制度的主体包括：全国人大及其常委会、国务院及其有关部门、具有立法权的地方人大及其常委会、具有立法权的地方政府及其有关部门。统计法作为我国行政法的一个组成部分，有自己特定的调整对象、原则、特点和作用，是一门独立的分支学科。

二、统计法的特点

统计法作为规范统计活动的法律规范,与其他法律规范相比,具有以下两个特点:一是调整对象具有特殊性和复杂性。统计法调整对象的特殊性是与其他部门法相比而言的,这也是统计法之所以区别于其他部门法的根本所在。例如,会计法以人们在财务会计活动中所形成的社会关系为调整对象;金融法以人们在货币流通和使用活动中所形成的社会关系为调整对象;而统计法则是以统计活动中所形成的社会关系为调整对象。统计法调整对象的复杂性,表现在统计法所调整的社会关系既有纵向的管理关系,也有横向的指导关系;既有统计机构内部的管理关系,也有统计机构对调查对象的管理关系,还有对属于民间统计调查的涉外调查的管理关系。统计工作覆盖面广,涉及到社会生活的各个领域,因此统计活动中产生的社会关系也十分复杂。二是规范的内容具有专业性。统计法的专业性,表现在统计法律制度中包含着大量关于统计工作的技术性规范,如统计调查制度、统计标准等,这些规范是统计法律制度的重要组成部分。

三、统计法的基本原则

统计法的基本原则是以实现统计法既定任务和特定功能为目的的基本法律思想,是统计法基本精神的体现,是统计法律关系的集中反映,是贯穿整个统计法律规范、对各项统计法律制度和所有统计法律规范起统率作用的准则。它反映的是统计活动最基本的要求,对各种统计活动均具有重要的指导意义;它是统计法的基础,又是统计法区别于其他法律的依据。

（一）统一统计原则。

统计,从本质上讲就是按照通用的方法、依据统一的标准、通过统一的行动来计数的过程。离开了统一性也就不能成为统计。特别是在现代社会要对数以万计的调查对象进行计数必须有统一的方案作支撑。统计法是用来规范统计活动的,是统计实践的系统总结和制度规定,其整个立法过程和内容都贯穿着统一性的原则。如《统计法》规定,国家建立集中统一的统计系统,实行统一领导、分级负责的统计管理体制,国家制定统一的统计标准,县级以上人民政府统计机构按照国家有关规定,定期公布统计资料等,都是统一性的具体体现。

(二)独立统计原则。

统计的生命在于真实,真实的根基在于独立。联合国《统计组织手册》将独立性作为统计机构必须坚持的首要基本价值观和原则。联合国统计委员会通过的《官方统计基本原则》明确规定,公众对官方统计系统完整性的基本信任和对统计数字的信心,在很大程度上取决于对作为任何一个力求了解自己并尊重其成员权利的社会之基础的基本价值观和原则的尊重,在这方面,统计机构的专业独立性和问责制至关重要。我国统计法律制度充分体现了独立统计这一原则。《统计法》规定,统计机构和统计人员依照本法规定,独立行使统计调查、统计报告、统计监督的职权,不受侵犯。在《统计法》及其实施条例和全国人口、经济、农业普查条例中,有许多条款都对维护统计调查独立性作出了明确规定,并对违背这一规定的行为给出了严厉的惩戒措施。

(三)科学统计原则。

《官方统计基本原则》规定,为了保持对官方统计的信任,统计机构应基于严格的专业考虑,包括科学原则和职业道德,确定统计数据的收集、处理、储存、公布方法和程序。科学统计原则始终贯穿于统计立法过程中。如《统计法》规定,国家加强统计科学研究,健全科学的统计指标体系,不断改进统计调查方法,提高统计的科学性。国家有计划地加强统计信息化建设,推进统计信息搜集、处理、传输、共享、存储技术和统计数据库体系的现代化。统计调查项目的审批机关应当对统计调查项目的必要性、可行性、科学性进行审查。

(四)规范统计原则。

统计调查过程和行为的规范是统计数据可靠性的前提,失去了规范性,统计数据就很难说是可靠的,不可靠也就很难让人信任,也就失去了可信性。统计法将规范性作为立法的一个重要原则,在许多条款里都予以体现。如《统计法》规定,统计调查应当按照统计调查制度组织实施,统计调查制度应当对调查目的、调查内容、调查方法、调查对象、调查组织方式、调查表式、统计资料的报送和公布等作出规定。严格按照统计法律规定制定统计调查制度并按照制度组织实施统计调查就确保了统计调查过程和行为的规范性,为提高统计调查的可靠性、可信性建立了扎实的法制保障。

(五)如实统计原则。

只有按照客观现实的实际情况采集、审核、报送、处理数据,做到实际情况是什么就统计什么,才能真实地反映现实状况。保障统计资料的真实准确,首先是基础资料要真实准确。统计法将如何获取真实的基础资料作为基本的立法原则。如《统计法》规定,国家机关、企业事业单位和其他组织以及个体工商户和个人等统计调查对象,必须依照本法和国家有关规定,真实、准确、完整、及时地提供统计调查所需的资料,统计机构、统计人员应当依法履行职责,如实搜集、报送统计资料。统计法律制度对不如实提供、搜集、报送统计资料的行为给出了严厉的惩戒措施。

(六)公共统计原则。

政府统计是由公共资源支撑的调查活动,获得的各类统计资料是现代社会重要的公共产品,必须取之于民、用之于民。统计法律制度中有许多条款体现了公共统计原则。如《统计法》规定,县级以上人民政府统计机构和有关部门统计调查取得的统计资料,除依法应当保密的外,应当及时公开,供社会公众查询,县级以上人民政府统计机构按照国家有关规定,定期公布统计资料,县级以上人民政府有关部门统计调查取得的统计资料,由本部门按照国家有关规定公布。在《统计法实施条例》和全国人口、经济、农业普查条例中,也对统计资料的公布作出了更加具体的规定。

（七）诚信统计原则。

《统计职业道德宣言》提出，尊重他人的隐私以及对他人的保密承诺；尊重数据来源所在的群体，并保护他们不因数据误用受到伤害；不应妨碍或不当损害他人的工作。《官方统计基本原则》规定，统计机构为统计汇编收集的个体数据，不论涉及自然人还是法人，都应严格保密，而且只用于统计目的。统计调查要想调查对象予以积极支持配合，就必须体现出对调查对象的尊重，体现出对调查对象个体信息的保护。《统计法》在 2009 年修改时突出了诚信统计原则，明确规定"统计调查中获得的能够识别或者推断单个统计调查对象身份的资料，任何单位和个人不得对外提供、泄露，不得用于统计以外的目的。""统计机构和统计人员对在统计工作中知悉的国家秘密、商业秘密和个人信息，应当予以保密。"这是各级政府、各级统计机构和各部门对社会公众的庄严承诺，也是我们从调查对象那里获得真实准确统计资料的前提。统计法律制度对违背诚信原则的行为规定了严厉惩戒措施。

（八）国家统计优先原则。

政府统计包括国家统计、部门统计、地方统计。国家统计主要是指组织实施国家统计调查项目及其国家统计调查制度的活动。部门统计主要是指组织实施部门统计调查项目及其部门统计调查制度的活动。地方统计主要是指组织实施地方统计调查项目及其地方统计调查制度的活动。统计法律制度制定始终坚持国家统计优先原则。如《统计法》规定，国家统计调查项目、部门统计调查项目、地方统计调查项目应当明确分工，相互衔接，不得重复。国家统计数据以国家统计局公布的数据为准。《统计法实施条例》规定，部门统计调查项目、地方统计调查项目的主要内容不得与国家统计调查项目的内容重复、矛盾。这些规定充分体现了国家统计优先的原则。

（九）统计违法必惩原则。

统计法律制度对所有违背法律规范、不履行法定职责和法定义务的统计违法行为都规定了惩戒措施。如《统计法》第六章法律责任中第三十七条至第四十五条,《统计法实施条例》第七章法律责任对统计违法行为的惩戒作出了具体规定,轻则给予批评教育、警告,重则给予罚款处罚,对于有关责任人由任免机关或监察机关给予警告直至开除的处分,构成犯罪的由司法机关依法追究刑事责任。

四、统计法的适用范围

《统计法》第二条规定,本法适用于各级人民政府、县级以上人民政府统计机构和有关部门组织实施的统计活动。这就明确规定了统计法的适用范围。根据这一规定,《统计法》主要适用于下列统计活动:

(一)各级人民政府组织实施的统计活动。

各级人民政府指国务院,各省(自治区、直辖市)人民政府,各市(地、州、盟)人民政府,各县(市、区、旗)人民政府,各乡(镇)人民政府。由上述五级人民政府组织实施的统计活动都属于《统计法》调整的范围。现在,重大国情国力普查包括全国人口普查、全国经济普查、全国农业普查等,都是由各级人民政府组织实施的。各级人民政府需要的其他统计数据和资料,一般由各级人民政府统计机构和有关部门组织实施统计活动获得。

(二)县级以上人民政府统计机构组织实施的统计活动。

县级以上人民政府统计机构包括国家统计局及其直属的各级调查队,各省级、市级、县级统计局。目前,反映全国基本情况和各省、市、县基本情况的统计资料,分别由国家统计局及其直属的各级调查队和各省级、市级、县级统计局组织实施统计活动获得。

(三)县级以上人民政府有关部门组织实施的统计活动。

县级以上人民政府有关部门包括国务院各部、委、办、局,经批准的行业协会;各省级、市级、县级人民政府有关部门。有关部门组织实施的主要是用于部门行政管理的专业性调查。

统计活动包括:统计数据需求的把握,统计调查方案的设计,统计任务的布置,统计数据的采集、审核、报送、处理、存储和发布,统计业务管理,统计机构和人员的设立、管理,统计资源的配置、管理等。

各级人民政府、县级以上人民政府统计机构和有关部门组织实施的统计活动,一般简称为政府统计。与之相对应的为民间统计调查,《统计法》的一般性规定不适用于民间统计调查。《统计法》第四十九条规定,民间统计调查活动的管理办法,由国务院制定。

第二节　统计法律制度的构成

统计法包括统计法律、统计行政法规、统计地方性法规、统计规章和统计规范性文件,是一个有机的整体。根据法律规范效力的不同,统计法主要表现为以下几种形式:

一、统计法律

统计法律是由全国人大常委会制定颁布的关于统计方面的规范性法律文件。统计法律具有两个鲜明特点:一是统计法律所规定的内容是统计工作中的一些根本性问题,包括统计管理体制、统计机构和统计人员的设置及基本职责、统计调查项目管理、统计资料公布等;二是统计法律在统计法律制度中具有最高的法律效力,是制定统计行政法规、地方性统计法规、统计规章、统计规范性文件的依据。统计行政法规、地方性统计法规及统计规章、统计规范性文件均不得与统计法律相抵触。

我国目前唯一的统计法律是《统计法》。《统计法》于 1983 年 12 月 8 日由第六届全国人大常委会第三次会议通过,自 1984 年 1 月 1 日起施行。1996 年 5 月 15 日第八届全国人大常委会第十九次会议通过了关于修改《统计法》的决定,对《统计法》进行了修正。2009 年 6 月 27 日第十一届全国人大常委会第九次会议对《统计法》进行了修订,2010 年 1 月 1 日起施行。现行《统计法》包括七章、五十条,分为总则、统计调查管理、统计资料的管理和公布、统计机构和统计人员、监督检查、法律责任和附则。

二、统计行政法规

统计行政法规是由国务院制定的关于统计方面的规范性法律文件,其法律地位和效力次于统计法律。现行统计行政法规主要有:

(一)《统计法实施条例》。

《统计法实施条例》是根据《统计法》的规定对《统计法实施细则》进行修改,经国务院常务会议审议颁布的。国务院于 1987 年 1 月 19 日批准《统计法实施细则》,2000 年 6 月 2 日进行修订,2005 年 12 月 16 日进行修改,2017 年 4 月 12 日国务院以 681 号令公布《统计法实施条例》。

《统计法实施条例》是对《统计法》中规定的职责职权、权利义务的细化和行政程序的具体规定,包括八章、五十五条,分为总则、统计调查项目、统计调查的组织实施、统计资料的管理和公布、统计机构和统计人员、监督检查、法律责任和附则。

(二)《全国人口普查条例》。

《全国人口普查条例》是调整全国人口普查中各方参与者行为规范的统计行政法规。2010 年 5 月 24 日国务院令第 576 号公布,自 2010 年 6 月 1 日起施行。《全国人口普查条例》包括六章、四十一条,分为总则,人口普查的对象、内容和方法,人口普查的组织实施,人口普查资料的管理和公布,法律责任,附则。

(三)《全国经济普查条例》。

《全国经济普查条例》是调整全国经济普查中各方参与者行为规范的统计行政法规。2004 年 9 月 5 日国务院令第 415 号公布,根据 2018 年 8 月 11 日《国务院关于修改＜全国经济普查条例＞的决定》修订。《全国经济普查条例》包括八章、三十八条,分为总则,经济普查对象、范围和方法,经济普查表式、主要内容和标准,经济普查的组织实施,数据处理和质量控制,数据公布、资料管理和开发应用,表彰和处罚,附则。

(四)《全国农业普查条例》。

《全国农业普查条例》是调整全国农业普查中各方参与者行为规范

的统计行政法规。2006 年 8 月 23 日国务院令第 473 号公布施行。《全国农业普查条例》包括七章、四十二条,分为总则,农业普查的对象、范围和内容,农业普查的组织实施,数据处理和质量控制,数据公布、资料管理和开发应用,表彰和处罚,附则。

统计行政法规还包括《关于统计报表管理的暂行规定》《关于工资总额组成的规定》《国际收支统计申报办法》《海关统计条例》《全国污染源普查条例》《土地调查条例》等。

三、统计地方性法规

统计地方性法规包括:省、自治区、直辖市的人大常委会制定公布的统计地方性法规;设区的市的人大及其常委会制定公布的统计地方性法规。按照《宪法》《地方各级人民代表大会和各级人民政府组织法》《立法法》的有关规定,统计地方性法规不得与统计法律、统计行政法规相抵触。目前我国 31 个省(区、市)都制定了统计地方性法规。

四、统计规章

统计规章包括:国务院各部门制定的统计规章和省、自治区、直辖市和设区的市、自治州人民政府制定的统计规章。

1.统计部门规章。主要有:监察部、人力资源和社会保障部、国家统计局制定的《统计违法违纪行为处分规定》(下文称《处分规定》),国家统计局制定的《部门统计调查项目管理办法》《涉外调查管理办法》《统计执法监督检查办法》《统计执法证管理办法》《统计严重失信企业信用管理办法》等。国务院其他部门根据本部门统计工作实际,也制定了一些统计部门规章。

2.统计地方政府规章。我国许多省(区、市)制定了统计地方政府规章。

五、统计规范性文件

统计规范性文件是指除法律法规、行政规章之外,县级以上人民政府统计机构依照法定权限、程序制定并公开发布,涉及公民、法人和其他组织权利义务、具有普遍约束力,在一定期限内反复适用的公文,其效力低于统计法律、统计行政法规、统计地方性法规和统计规章。目前统计规范性文件主要有:《国家统计局行政处罚信息公示办法》《国家统计局统计执法"双随机"抽查办法(试行)》《统计部门推广随机抽查实施方案》等。

我们常说的国家统计政令,既包括由国家统计局制定的统计部门规章、统计规范性文件,还包括规范内部工作的统计文件、国家统计调查项目及其统计调查制度等。

第二章　统计法律主体

第一节　各级人民政府统计职责职权

《统计法》规定,国务院和地方各级人民政府、各有关部门应当加强对统计工作的组织领导,为统计工作提供必要的保障。按照统计法律法规的规定,地方各级人民政府在统计活动中职责职权主要表现在以下几个方面:

一、组织领导统计工作

《统计法》规定,县级以上地方人民政府设立独立的统计机构,乡、镇人民政府设置统计工作岗位,配备专职或者兼职统计人员。按照这一规定,各省(自治区、直辖市)、各市(地、州、盟)、各县(市、区、旗)人民政府都应当设立独立的统计机构。市辖区人民政府作为县级以上地方人民政府也应当设立独立的统计机构。目前,我国 31 个省(区、市)和新疆生产建设兵团以及所有市(地、州、盟、新疆兵团师级单位)都设有独立的统计局。县(市、区、旗)设立了独立的统计机构,乡镇(街道)一般设有专职或兼职统计员。实践中,在一些乡镇(街道)也设有统计站(所)等统计机构。

为统计工作提供必要的保障,是统计法明确规定的地方各级人民政府的重要职责。一是提供人员保障。包括配备必要的领导职数、人员编制,选配与统计业务相适应的工作人员。二是提供经费保障。《统计法》规定,县级以上人民政府应当将统计工作所需经费列入财政预算。统计工作所需经费包括行政经费、业务经费。重大国情国力普查所需经费,由国务院和地方人民政府共同负担,列入相应年度的财政预算,按时拨付,确保到位。重大国情国力普查所需经费中,由地方人民政府负担的主要有组织实施费用、调查人员工资及补助费用、宣传动员费用、资料开发费用等。三是提供工作条件保障。包括办公用房、办公设备、人员培训等。

二、保障依法开展统计工作

《统计法实施条例》规定,地方人民政府及其负责人应当保障统计活动依法进行。这就要求地方人民政府及其负责人首先要遵守统计法,严格按照统计法律法规的规定组织领导统计工作;要支持统计机构和统计人员依法独立行使统计调查、统计报告、统计监督的职权,不得非法干预统计工作;要推动对统计法律法规的宣传教育,增强全社会的统计法治意识;支持统计机构严肃查处统计违法行为,坚决惩戒统计造假、弄虚作假者。

三、监督统计法的执行情况

《统计法》规定,县级以上人民政府及其监察机关对下级人民政府、本级人民政府统计机构和有关部门执行本法的情况,实施监督。这种监督包括:下级人民政府、本级人民政府统计机构和有关部门是否严格遵守统计法律法规的各项规定,是否严格依法组织实施统计调查,是否严格依照统计法律法规的规定履行职责职权,是否依法查处统计违法违纪行为。

四、落实防范和惩治统计造假、弄虚作假责任

《统计法实施条例》规定,地方人民政府应当根据国家有关规定,明确本单位防范和惩治统计造假、弄虚作假的责任主体。这就要求各省级、市级、县级、乡镇人民政府必须健全本级政府防范和惩治统计造假、

弄虚作假的责任体系,明确各级党委和政府主要负责人的主要领导责任,分管负责人的直接领导责任;各部门、各单位主要负责人负主要领导责任,分管负责人负直接领导责任;纪检监察机关负监督责任。

对于未履行防范和惩治统计造假、弄虚作假责任的人员,按照统计法律法规的规定,地方人民政府对其责任追究主要为以下两个方面:一是纠正通报统计违法行为。《统计法》规定,县级以上人民政府统计机构或者有关部门在组织实施统计调查活动中有统计违法行为的,由本级人民政府责令改正,予以通报;二是追究政府工作人员统计违纪违法责任。《统计法》规定,县级以上人民政府统计机构查处统计违法行为时,认为对有关国家工作人员依法应当给予处分的,应当提出给予处分的建议;该国家工作人员的任免机关或者监察机关应当依法及时作出决定,并将结果书面通知县级以上人民政府统计机构。

第二节　各级统计机构职责职权

一、国家统计局职责职权

在我国,国家统计局行使中央统计机构的职责职权,法律行政法规授予国家统计局的主要职责职权如下:

(一)依法组织领导和协调全国的统计工作。

《统计法》规定,国务院设立国家统计局,依法组织领导和协调全国的统计工作。按照这一规定,国家统计局具有下列职责职权:拟定统计法律法规草案,制定统计部门规章和规范性文件,统一制定全国统计改革发展规划,统一制定全国统计政策,统一发布全国统计政令,统一协调指导监督全国统计工作。

(二)组织实施国家统计调查。

《统计法》规定,国家统计调查项目由国家统计局制定,或者由国家统计局和国务院有关部门共同制定;制定统计调查项目,应当同时制定该项目的统计调查制度;统计调查应当按照统计调查制度组织实施。这些规定明确了国家统计局对国家统计调查项目的设立、国家统计调查制度的制定和组织实施的职责职权。

（三）建立健全国民经济核算体系。

《统计法》规定，县级以上人民政府有关部门应当及时向本级人民政府统计机构提供国民经济核算所需的财务资料、财政资料及其他资料。

（四）管理统计调查项目及其制度。

《统计法》规定，部门统计调查项目，统计调查对象属于本部门管辖系统的，报国家统计局备案;统计调查对象超出本部门管辖系统的，报国家统计局审批。地方统计调查项目中，由省级人民政府统计机构单独制定或者和有关部门共同制定的，报国家统计局审批。制定统计调查项目，应当同时制定该项目的统计调查制度，一并报经审批或者备案。

（五）制定国家统计标准。

《统计法》规定，国家统计标准由国家统计局制定，或者由国家统计局和国务院标准化主管部门共同制定。

（六）审批部门统计标准。

《统计法》规定，国务院有关部门可以制定补充性的部门统计标准，报国家统计局审批。部门统计标准不得与国家统计标准相抵触。

（七）公布国家统计数据。

《统计法》规定，县级以上人民政府统计机构按照国家有关规定，定期公布统计资料。国家统计数据以国家统计局公布的数据为准。《统计法实施条例》规定，国家统计局统计调查取得的全国性统计数据和分省、自治区、直辖市统计数据，由国家统计局公布或者由国家统计局授权其派出的调查机构或者省级人民政府统计机构公布。

（八）开展统计分析。

统计的基本任务之一是进行统计分析。依据国家统计调查取得的资料,参考各部门统计调查取得的相关资料和部门行政记录,结合对地方经济社会发展调研情况,对全国经济社会发展及运行情况进行剖析,提出有针对性的政策建议和咨询意见,是国家统计局的基本职责。多年来,国家统计局一直将统计分析作为重点工作予以狠抓,提出许多针对性强、参考价值高的建议意见,获得了中央领导的充分肯定。

（九）实施统计监督。

统计的基本任务之一是实行统计监督。统计监督包括下列内容:一是监测经济社会发展运行情况。通过监测,及时揭示运行的趋势、拐点和苗头性问题,为党中央国务院进行科学决策提供扎实的数据保障。二是评估监控各地统计数据。《统计法实施条例》规定,国家统计局应当建立健全统计数据质量监控和评估制度,加强对各省、自治区、直辖市重要统计数据的监控和评估。三是监督检查统计工作。《统计法》规定,国家统计局组织管理全国统计工作的监督检查,查处重大统计违法行为。

（十）管理国家统计调查资料。

《统计法》规定,统计机构和统计人员对在统计工作中知悉的国家秘密、商业秘密和个人信息,应当予以保密。《统计法》规定,县级以上人民政府统计机构,应当按照国家有关规定建立统计资料的保存、管理制度。《统计法实施条例》规定,县级以上人民政府统计机构应当妥善保管统计调查中取得的统计资料,国家建立统计资料灾难备份系统。

（十一）建立统计调查资料共享机制。

《统计法》规定,县级以上人民政府统计机构应当建立健全统计信息共享机制。《统计法实施条例》规定,国家建立健全统计信息共享机制,实现县级以上人民政府统计机构和有关部门统计调查取得的资料共享。

（十二）组织管理全国统计工作的监督检查。

《统计法》规定,国家统计局组织管理全国统计工作的监督检查。对统计工作的监督检查包括:检查国家机关、企业事业单位和其他组织以及个体工商户、公民等统计调查对象遵守统计法的情况,检查地方各级人民政府、政府统计机构和有关部门遵守执行统计法的情况,检查统计调查各方执行统计调查制度、国家统计标准、国家统计政令情况,依法查处统计违法行为,等等。

(十三)查处重大统计违法行为。

《统计法》规定,国家统计局查处重大统计违法行为。重大统计违法行为一般是指严重的统计造假、弄虚作假,严重违背国家统计政令,严重违背国家统计调查制度,在重大国情国力普查中发生的统计造假、弄虚作假,拒绝、抵制对统计工作的监督检查,等等。

二、地方统计局职责职权

地方统计局既是地方政府主管统计工作的职能部门,也是承担国家统计调查以及上级地方政府统计调查的业务部门。《统计法》规定,县级以上地方人民政府统计机构,依法管理、开展统计工作,实施统计调查。按照统计法律法规规定,县级以上地方人民政府统计机构的职责职权主要如下:

(一)依法管理统计工作。

按照《统计法》关于地方人民政府统计机构依法管理统计工作的规定,地方统计局具有下列职责职权:依据国家统计法律法规规章和规范性文件、统计地方性法规和统计地方政府规章,结合本地区实际,制定本地区统计规范性文件;依据全国统计改革发展规划、国家统计政策、全国统计政令,结合本地区实际,制定本地区统计改革发展规划、本地区统计政策;协调指导本地区统计工作。具有立法权的地区的统计局,还具有拟定统计地方性法规草案和统计地方政府规章草案的职责职权。

(二)完成国家统计调查任务。

《统计法实施条例》规定,县级以上人民政府统计机构应当完成国家统计调查任务,执行国家统计调查项目的统计调查制度。按照这一规定,地方统计局应当无条件承担国家统计调查任务,确保国家统计调查制度在本地区得到严格执行。这就要求地方各级统计局要按照国家统计局的统一部署,及时将国家统计调查任务布置到下级统计机构,直至统计调查对象;严格按照国家统计调查制度要求,做好对各级统计人员和调查对象的培训;严格按照国家统计调查制度的规定,采集、审核、处理、上报统计资料;严格按照国民经济核算制度规定,做好本地区的国民经济核算工作。

(三)组织实施地方统计调查。

《统计法实施条例》规定,县级以上人民政府统计机构应当组织实施本地方的统计调查活动。包括:制定地方统计调查项目及其统计调查制度,报国家统计局或者省级统计机构审批后,组织开展地方统计调查。

(四)管理地方政府有关部门制定的统计调查项目及其制度。

《统计法》规定,由省级以下人民政府统计机构单独制定或者和有关部门共同制定的统计调查项目及其统计调查制度,报省级人民政府统计机构审批;由县级以上地方人民政府有关部门制定的统计调查项目及其统计调查制度,报本级人民政府统计机构审批。

(五)公布本地区综合统计数据。

按照统计法律法规规定,县级以上地方人民政府统计机构应当按照国家有关规定,定期公布其组织实施统计调查所取得的统计资料,经上级统计机构授权公布上级统计机构组织实施的统计调查取得的统计资料。

(六)开展统计分析。

按照统计法律法规规定,地方统计机构的基本职责之一是开展统计分析,对本地区经济社会发展及运行情况进行剖析,提出有针对性的政策建议和咨询意见。

(七)实施统计监督。

依法实施统计监督包括:监测本地区经济社会发展运行情况,审核下级统计机构及其调查对象报送或提供统计数据的质量。

（八）管理本地区统计调查资料。

依法保守在统计工作中知悉的国家秘密、商业秘密和个人信息，按照国家有关规定建立统计资料的保存、管理制度，妥善保管统计调查中取得的统计资料。

（九）建立统计调查资料共享机制。

按照统计法律法规规定，建立健全本地区统计信息共享机制，实现统计机构和有关部门共享政府统计调查取得的资料。

（十）依法查处统计违法行为。

《统计法》规定，县级以上地方人民政府统计机构依法查处本行政区域内发生的统计违法行为。但是，国家统计局派出的调查机构组织实施的统计调查活动中发生的统计违法行为，由组织实施该项统计调查的调查机构负责查处。

三、国家调查队职责职权

《统计法》规定，国家统计局根据工作需要设立的派出调查机构，承担国家统计局布置的统计调查等任务。按照统计法律法规规定，国家统计局各级调查队的主要职责职权如下：

（一）完成国家统计调查任务。

按照统计法律法规规定，完成国家统计调查任务，执行国家统计调查项目的统计调查制度，是各级国家调查队最基本的职责。

（二）公布本地区综合统计数据。

按照统计法律法规规定，国家调查队应当按照国家有关规定，定期公布其组织实施统计调查所取得的统计资料，经国家统计局授权公布分省、自治区、直辖市统计数据。

（三）开展统计分析。

按照统计法律法规规定，国家调查队负责对所调查的经济社会发展及运行情况进行剖析，提出有针对性的政策建议和咨询意见。

（四）实施统计监督。

依法实施统计监督包括：监测所调查经济社会发展运行情况，审核下级调查队及其调查对象报送或提供统计数据的质量。

（五）管理其组织实施统计调查所取得的资料。

按照统计法律法规规定，保守在统计工作中知悉的国家秘密、商业秘密和个人信息，按照国家有关规定建立统计资料的保存、管理制度，妥善保管统计调查中取得的统计资料。

（六）建立统计调查资料共享机制。

按照统计法律法规规定，建立健全统计信息共享机制，实现和有关部门共享政府统计调查取得的资料。

（七）依法查处统计违法行为。

《统计法》规定，国家统计局派出的调查机构组织实施的统计调查活动中发生的统计违法行为，由组织实施该项统计调查的调查机构负责查处。

四、地方统计局和国家调查队业务分工

国家统计局各级调查队和各级统计局都是政府统计的重要组成部分，在业务上都受国家统计局的统一领导。省级统计局是地方政府的综合统计部门，既要完成国家统计局布置的统计任务，也要完成地方政府布置的统计任务。省级调查总队是国家统计局的派出机构，主要承担国家统计局布置的调查任务，负责向国家统计局独立上报调查结果，并按照相关规定向同级统计局提供，省统计局汇总地区全部专业数据和对外使用时以经国家统计局审核后的数据为准；同时国家统计局省级调查总队也承担地方有关统计调查任务。

第三节　相关部门统计职责职权

部门的统计职责职权分为部门本身的统计职责职权和部门统计机

构、统计人员的统计职责职权。

一、部门统计职责职权

按照统计法律法规规定,各有关部门应当加强对统计工作的组织领导,为统计工作提供必要的保障。各有关部门在统计方面的职责职权主要为:一是设立组织机构。根据《统计法》规定,县级以上人民政府有关部门根据统计任务的需要设立统计机构,或者在有关机构中设置统计人员,并指定统计负责人,依法组织、管理本部门职责范围内的统计工作,实施统计调查。二是制定统计调查项目及其统计调查制度,可以制定补充性的部门统计标准。三是提供条件保障。包括提供人员、经费、工作条件保障。四是参与重大国情国力普查组织实施。五是保障部门统计工作依法开展。六是建立本部门防范和惩治统计造假、弄虚作假责任制。七是按照国家有关规定和已批准或者备案的统计调查制度公布本部门统计调查取得的统计资料。八是建立统计调查资料共享机制。九是协助查处统计违法行为。《统计法》规定,县级以上人民政府有关部门应当积极协助本级人民政府统计机构查处统计违法行为,及时向本级人民政府统计机构移送有关统计违法案件材料。

二、部门统计机构、统计人员职责职权

按照统计法律法规规定,部门统计机构、统计人员在组织实施统计活动时具有下列职责职权:一是依法管理本部门统计工作;二是完成国家统计调查任务;三是执行国家统计标准;四是拟定统计调查项目及其统计调查制度;五是组织实施统计调查,国务院有关部门组织实施部门统计调查项目及其统计调查制度,地方政府有关部门组织实施本部门制定的地方统计调查项目及其统计调查制度;六是公布本部门组织实施的统计调查取得的统计资料;七是开展统计分析;八是实施统计监督;九是管理本部门组织实施的统计调查所取得的资料。

第四节　统计调查对象权利和义务

一、统计调查对象的权利

统计法律法规赋予统计调查对象一定的统计权利。

1.监督统计工作。《统计法》规定,统计工作应当接受社会公众的监督。这种监督包括对统计调查整个过程的监督,特别是地方各级政府、政府统计机构和有关部门及其工作人员遵守、执行统计法律法规情况的监督,对违反统计法律法规的现象提出批评和改进意见、建议。

2.检举统计违法行为。统计法律法规规定,任何单位和个人有权检举统计中弄虚作假等违法行为。对检举有功的单位和个人应当给予表彰和奖励。

3.拒绝非法统计调查。《统计法》规定,对未标明表号、制定机关、批准或者备案文号、有效期限等标志或者超过有效期限的统计调查表,统计调查对象有权拒绝填报。《统计法》规定,统计人员进行统计调查时,未出示县级以上人民政府统计机构或者有关部门颁发的工作证件的,统计调查对象有权拒绝调查。

4.拒绝非法检查。《统计法》规定,县级以上人民政府统计机构进行监督检查时,监督检查人员不得少于二人,并应当出示执法证件;未出示的,有关单位和个人有权拒绝检查。

5.申请行政复议、提起行政诉讼。《统计法》规定,当事人对县级以上人民政府统计机构作出的行政处罚决定不服的,可以依法申请行政复议或者提起行政诉讼。其中,对国家统计局在省、自治区、直辖市派出的调查机构作出的行政处罚决定不服的,向国家统计局申请行政复议;对国家统计局派出的其他调查机构作出的行政处罚决定不服的,向国家统计局在该派出机构所在的省、自治区、直辖市派出的调查机构申请行政复议。

二、统计调查对象的义务

为了确保统计资料的真实性、准确性、完整性、及时性,统计法律法规对统计调查对象接受统计调查设定了必要的义务。

1.如实提供统计资料。《统计法》规定,国家机关、企业事业单位和其他组织以及个体工商户和个人等统计调查对象,必须依照本法和国家有关规定,真实、准确、完整、及时地提供统计调查所需的资料。

2.拒绝抵制统计违法行为。《统计法实施条例》规定,统计调查对象应当拒绝、抵制弄虚作假等违法行为。

3.设置原始记录、统计台账。《统计法》规定,国家机关、企业事业单位和其他组织等统计调查对象,应当按照国家有关规定设置原始记录、统计台账。《统计法实施条例》规定,统计调查对象按照国家有关规定设置的原始记录和统计台账,应当至少保存2年。

4.建立健全统计资料管理制度。《统计法》规定,统计调查对象应当建立健全统计资料的审核、签署、交接、归档等管理制度。统计资料的审核、签署人员应当对其审核、签署的统计资料的真实性、准确性和完整性负责。

5.建立健全签字盖章制度。《统计法实施条例》规定,国家机关、企业事业单位或者其他组织等统计调查对象提供统计资料,应当由填报人员和单位负责人签字,并加盖公章。个人提供统计资料,应当由本人签字。统计调查制度规定不需要签字、盖章的除外。统计调查对象使用网络提供统计资料的,按照国家有关规定执行。

6.改正不真实、不准确的资料。统计法律法规规定,统计调查对象应当按照统计人员的要求,依法改正不真实、不准确的统计资料。

7.配合执法检查。《统计法》规定,县级以上人民政府统计机构履行监督检查职责时,有关单位和个人应当如实反映情况,提供相关证明和资料。

第三章　统计违法行为和法律责任

第一节　统计法律底线

统计法律法规在规范政府统计活动中,对组织实施统计活动者、参与统计调查活动者以及统计调查成果使用者,都规定了必须遵守的法律底线。《统计法》规定了"13个不得",《统计法实施条例》也规定了"13个不得",这"26个不得"就是所有单位和个人必须遵守的统计法律底线。任何单位和个人触碰了这些统计法律底线,都要承担统计法律责任,违反党纪政务规定的给予处分处理,构成犯罪的依法追究刑事责任。

一、领导干部法律底线

《统计法》第六条第二款和《统计法实施条例》第四条第二款明确了地方各级人民政府、政府统计机构和有关部门以及各单位负责人的"6个不得",《统计法》第十条、第二十五条、第三十六条和《统计法实施条例》第二十八条、第三十条、第三十七条规定了任何单位和个人的"11个不得"。以上"17个不得"就是领导干部应当遵守的统计法律底线。这"17个不得"的具体内容如下:

1.不得侵犯统计机构、统计人员独立行使统计调查、统计报告、统计监督职权。

2.不得自行修改统计机构和统计人员依法搜集、整理的统计资料。

3.不得以任何方式要求统计机构、统计人员及其他机构、人员伪

23

造、篡改统计资料。

4.不得非法干预统计调查对象提供统计资料。

5.不得统计造假、弄虚作假。

6.不得利用虚假统计资料骗取荣誉称号、物质利益或者职务晋升。

7.不得违反国家有关规定对外提供尚未公布的统计资料。

8.不得利用尚未公布的统计资料谋取不正当利益。

9.不得对外提供、泄露统计调查中获得的能够识别或者推断单个统计调查对象身份的资料。

10.不得把统计调查中获得的能够识别或者推断单个统计调查对象身份的资料,直接作为对统计调查对象实施除统计执法依据以外的行政许可、行政处罚等具体行政行为的依据。

11.不得将统计调查中获得的能够识别或者推断单个统计调查对象身份的资料用于统计以外的目的。

12.不得将统计调查中获得的能够识别或者推断单个统计调查对象身份的资料用于完成统计任务以外的目的。

13.不得拒绝、阻碍政府统计机构依法履行监督检查职责。

14.不得在政府统计机构依法履行监督检查职责时,转移、隐匿、篡改、毁弃原始记录和凭证、统计台账、统计调查表、会计资料及其他相关证明和资料。

15.不得拒绝、阻碍对统计工作的监督检查和对统计违法行为的查处工作。

16.不得对依法履行职责或者拒绝、抵制统计违法行为的统计人员打击报复。

17.不得包庇、纵容统计违法行为。

二、统计机构、有关部门及其统计人员法律底线

《统计法》第二十九条和《统计法实施条例》第二条、第五条、第六条明确了县级以上人民政府统计机构和有关部门及其统计人员的"7个不

得",《统计法》第十条、第二十五条、第三十六条和《统计法实施条例》第二十八条、第三十条、第三十七条规定了任何单位和个人的"11个不得"。以上"18个不得"就是统计机构、统计人员应当遵守的统计法律底线。这"18个不得"的具体内容如下：

1. 不得伪造、篡改统计资料。

2. 不得以任何方式要求任何单位和个人提供不真实的统计资料。

3. 不得组织实施能够通过行政记录取得统计资料的调查。

4. 不得组织实施通过抽样调查、重点调查能够满足统计需要的全面调查。

5. 不得组织实施营利性统计调查。

6. 不得制定实施、审批备案主要内容与国家统计调查项目内容重复、矛盾的部门统计调查项目、地方统计调查项目。

7. 不得利用虚假统计资料骗取荣誉称号、物质利益或者职务晋升。

8. 不得违反国家有关规定对外提供尚未公布的统计资料。

9. 不得利用尚未公布的统计资料谋取不正当利益。

10. 不得对外提供、泄露统计调查中获得的能够识别或者推断单个统计调查对象身份的资料。

11. 不得把统计调查中获得的能够识别或者推断单个统计调查对象身份的资料，直接作为对统计调查对象实施除统计执法依据以外的行政许可、行政处罚等具体行政行为的依据。

12. 不得将统计调查中获得的能够识别或者推断单个统计调查对象身份的资料用于统计以外的目的。

13. 不得将统计调查中获得的能够识别或者推断单个统计调查对象身份的资料用于完成统计任务以外的目的。

14. 不得拒绝、阻碍政府统计机构依法履行监督检查职责。

15. 不得在县级以上人民政府统计机构依法履行监督检查职责时，转移、隐匿、篡改、毁弃原始记录和凭证、统计台账、统计调查表、会计资料及其他相关证明和资料。

16.不得拒绝、阻碍对统计工作的监督检查和对统计违法行为的查处工作。

17.不得包庇、纵容统计违法行为。

18.不得有其他违反统计法律法规的行为。

三、统计调查对象法律底线

《统计法》第七条明确了国家机关、企业事业单位和其他组织以及个体工商户和个人等统计调查对象的"2个不得",《统计法》第十条、第三十六条和《统计法实施条例》第三十七条规定了任何单位和个人的"6个不得"适合于统计调查对象。以上"8个不得"就是统计调查对象应当遵守的统计法律底线。这"8个不得"的具体内容如下:

1.不得提供不真实或者不完整的统计资料。

2.不得迟报、拒报统计资料。

3.不得伪造、篡改统计资料。

4.不得利用虚假统计资料骗取荣誉称号、物质利益或者职务晋升。

5.不得拒绝、阻碍政府统计机构依法履行监督检查职责。

6.不得在政府统计机构依法履行监督检查职责时,转移、隐匿、篡改、毁弃原始记录和凭证、统计台账、统计调查表、会计资料及其他相关证明和资料。

7.不得拒绝、阻碍对统计工作的监督检查和对统计违法行为的查处工作。

8.不得包庇、纵容统计违法行为。

第二节　统计违法行为

一、统计违法行为的概念

违法,是指不符合现行法律所要求的或超出现行法律所允许的范围、具有社会危害性的行为。违法有广义和狭义之分：广义的违法指包括犯罪在内的一切违法；狭义的违法指除犯罪以外的一般违法。

统计违法行为，是指行为人在统计活动中违反统计法和统计制度的规定，对统计法所保护的社会关系形成侵害的行为。这里讲的行为人，包括公民、法人和其他组织。具体来讲，既包括统计调查者，又包括被调查者；既包括统计资料公布和提供者，又包括统计资料使用者；既包括统计行政管理机关，又包括统计行政管理相对人。

二、统计违法行为的特征

（一）统计违法行为是具有社会危害性的行为。

具有社会危害性是包括统计违法在内的一切违法的最本质的、有决定意义的特征。没有社会危害性的行为不能认为是违法行为。统计违法行为不仅会危及统计数据的准确性和及时性，破坏正常的统计工作管理秩序，损害国家利益和统计调查对象的合法权益，影响统计机构和统计人员依法履行职责，还可能导致决策失误、政策和措施失效，危及国家的宏观管理和决策，危及我国的社会主义现代化建设事业。

（二）统计违法行为是行为人有过错的行为。

仅有客观上的危害后果，而没有主观上的过错，不能认为是违法行为。只有行为人在主观上有过错，并且因为这种过错给正常的统计活动带来了一定的危害，其行为才能成为统计违法行为。过错，是指行为人对其所实施的行为所持的心理态度，分为故意和过失两种。故意，是指明知自己的行为会发生危害社会的后果，并且希望或者放任这种结果发生的一种心理状态。过失，是指应当预见自己的行为会发生危害社会的后果，由于疏忽大意而没有预见，或者已经预见而轻信能够避免的一种心理状态。

（三）统计违法行为是违反统计法律规范的行为。

这是统计违法行为的法律特征。需要指出，与统计有关的具有社会危害性的行为很多，但这些行为并不都是统计违法行为，只有当其违反统计法律规范时,才构成统计违法行为。如《统计法》规定,本法适用于各级人民政府、县级以上人民政府统计机构和有关部门组织实施的统计活动,并且规定统计调查对象必须依照本法和国家有关规定,真实、准确、完整、及时地提供统计调查所需的资料,不得提供不真实或者不完整的统计资料,不得迟报、拒报统计资料。如果某企业拒报、迟报国家统计局依法布置的调查表,则构成统计违法行为,但如果该企业拒报、迟报某调查公司发放的调查表,则不构成统计违法行为。

三、统计违法行为的种类

《统计法》和《统计法实施条例》明确了各种统计违法行为,所有统计违法行为都将受到严肃查处。

(一)地方人民政府、政府统计机构或者有关部门、单位及其负责人的统计违法行为。

依据《统计法》和《统计法实施条例》,地方人民政府、政府统计机构或者有关部门、单位及其负责人的下列行为为统计违法行为,应当承担法律责任:

1.侵犯统计机构、统计人员独立行使统计调查、统计报告、统计监督职权,或者采用下发文件、会议布置以及其他方式授意、指使、强令统计调查对象或者其他单位、人员编造虚假统计资料。

2.自行修改统计资料、编造虚假统计数据。

3.要求统计机构、统计人员或者其他机构、人员伪造、篡改统计资料。

4.对本地方、本部门、本单位发生的严重统计违法行为失察。

5.本地方、本部门、本单位大面积发生或者连续发生统计造假、弄虚作假。

6.本地方、本部门、本单位统计数据严重失实,应当发现而未发现。

7.发现本地方、本部门、本单位统计数据严重失实不予纠正。

8.拒绝、阻碍统计监督检查或者转移、隐匿、篡改、毁弃原始记录和凭证、统计台账、统计调查表及其他相关证明和资料。

9.对依法履职或者拒绝、抵制统计违法行为的统计人员打击报复。

(二)统计机构、统计人员的统计违法行为。

依据《统计法》和《统计法实施条例》,统计机构、统计人员的下列行为为统计违法行为,应当承担法律责任:

1.伪造、篡改统计资料。

2.要求统计调查对象或者其他机构、人员提供不真实的统计资料。

3.未经批准擅自组织实施统计调查。

4.组织实施营利性统计调查。

5.违法制定、审批或者备案统计调查项目。

6.未执行国家统计标准。

7.未执行统计调查制度。

8.未经批准擅自变更统计调查制度的内容。

9.未按照统计调查制度的规定报送有关资料。

10.泄露国家秘密。

11.泄露统计调查对象的商业秘密、个人信息或者提供、泄露在统计调查中获得的能够识别或者推断单个统计调查对象身份的资料。

12.未按照规定公布经批准或者备案的统计调查项目及其统计调查制度的主要内容。

13.违法公布统计资料。

14.未按照国家有关规定和已批准或者备案的统计调查制度公布部门统计调查取得的统计数据。

15.违法公布国家统计局统计调查取得的全国性统计数据和分省、自治区、直辖市统计数据。

16.造成统计资料毁损、灭失。

17.未依法受理、核实、处理对统计违法行为的举报。

18.包庇、纵容统计违法行为。

19.向有统计违法行为的单位或者个人通风报信,帮助其逃避查处。

20.泄露对统计违法行为的举报情况。

21.拒绝、阻碍对统计工作的监督检查和对统计违法行为的查处工作。

22.拒绝、阻碍统计监督检查或者转移、隐匿、篡改、毁弃原始记录和凭证、统计台账、统计调查表及其他相关证明和资料。

（三）统计调查对象的统计违法行为。

依据《统计法》和《统计法实施条例》，统计调查对象的下列行为为统计违法行为，应当承担法律责任：

1.提供不真实或者不完整的统计资料。

2.拒绝提供统计资料或者经催报后仍未按时提供统计资料。

3.迟报统计资料。

4.拒绝、阻碍统计调查、统计检查。

5.拒绝答复或者不如实答复统计检查查询书。

6.转移、隐匿、篡改、毁弃或者拒绝提供原始记录和凭证、统计台账、统计调查表及其他相关证明和资料。

7.未按照国家有关规定设置原始记录、统计台账。

8.作为统计调查对象的个人在重大国情国力普查活动中拒绝、阻碍统计调查，或者提供不真实或者不完整的普查资料。

企业事业单位或者其他组织，使用暴力或者威胁方法拒绝、阻碍统计调查、统计监督检查，拒绝、阻碍统计调查、统计监督检查且严重影响相关工作正常开展，提供不真实、不完整的统计资料且造成严重后果或者恶劣影响，统计违法行为1年内被责令改正3次以上，属于统计违法情节严重行为。

（四）任何单位、任何个人的统计违法行为。

依据《统计法》和《统计法实施条例》，任何单位、任何个人的下列行为为统计违法行为，应当承担法律责任：

1.违反国家有关规定对外提供尚未公布的统计资料或者利用尚未

公布的统计资料谋取不正当利益。

2.利用虚假统计资料骗取荣誉称号、物质利益或者职务晋升。

第三节　统计法律责任

《统计法》和《统计法实施条例》都各自专门设立了法律责任一章，明确了各种统计违法行为及其应当承担的法律责任。

一、统计法律责任的概念

法律责任有广义和狭义之分。广义的法律责任与法律义务意思相同。狭义的法律责任，又称违法责任，是专指法律关系中的主体由于其行为违法，按照法律规定必须承担的消极法律后果。我们通常所说的法律责任，是指狭义的法律责任。统计法律责任，是指行为人对其违反统计法律规范的行为所应承担的惩罚性法律后果。

二、统计法律责任的特征

1.统计法律责任的承担者，必须是具有统计违法行为的公民、法人和其他组织。也就是说，统计法律责任与统计违法行为有密不可分的联系，统计违法行为是承担统计法律责任的前提和基础。只有某种统计违法行为存在，才能追究行为人的统计法律责任。如果行为人未实施统计违法行为，则不能追究其统计法律责任。

2.统计法律责任的内容是由法律规范明确规定的，即法律责任的大小、范围、种类、追诉期限、性质等，都是由法律、法规和规章明确规定的，对什么样的统计违法行为应追究什么样的统计法律责任，在统计法律规范中有明确具体的规定。

3.统计法律责任的认定和追究，必须由专门机关通过法定程序来进行，其他任何组织和个人均无此权力。

4.统计法律责任具有国家强制性。统计法律责任由国家司法机关和法律授权的国家行政机关对统计违法行为依法追究,由国家强制力保证其执行。由于统计违法行为的性质和危害程度不同,统计违法者所承担的统计法律责任也不同。

三、统计法律责任的主要形式

根据《统计法》的规定,统计法律责任可以分为行政法律责任和刑事法律责任两种。

(一)统计违法行为的行政法律责任。

1.责令改正。在统计法律法规中,责令改正是指县级以上人民政府统计机构责令统计违法单位、个人停止或者纠正统计违法行为,严格依法组织实施统计调查、提供统计资料、接受统计监督检查的过程,体现着统计行政执法处罚与教育相结合的原则。一般情况下,县级以上人民政府统计机构查实统计违法行为时,应当向统计违法单位、个人单独下达责令改正文书或者给予警告、罚款的处罚决定书中同时责令其改正。

2.批评教育。在统计法律法规中,批评教育是一种具有训诫性质的统计行政法律责任形式,不是一般意义上对错误行为提出意见和教育指导。批评教育只适用于在重大国情国力普查活动中拒绝、阻碍统计调查,或者提供不真实或不完整的普查资料的个人,由政府统计机构实施,目的是消除和惩戒调查对象在重大国情国力普查活动中拒绝、阻碍统计调查,或者提供不真实或不完整的普查资料的违法行为,教育警示调查对象,使调查对象支持和配合重大国情国力普查活动。

3.通报。在统计法律法规中,通报分为内部通报和外部通报。内部通报一般是指向政府内部或者统计系统内部告知统计违法主体、违法具体情节和责任追究情况并提出要求,用以警示下属单位和人员。外部通报一般就是向社会曝光,通过社会舆论促进相关单位、个人改正违法行为。通报适用于地方人民政府、政府统计机构或者有关部门、单位及其负责人以及统计调查对象,一般由各级政府或者政府统计机构实施。

4. 警告。在统计法律法规中,警告是指政府统计机构对统计调查对象违反统计法律法规行为的谴责和警示,指令调查对象改正违法行为,促使其严格遵守统计法律法规。《统计法》以及《全国经济普查条例》《全国农业普查条例》等对统计调查对象违背统计法律法规行为都设立了警告这一行政处罚。

5. 罚款。在统计法律法规中,罚款是指政府统计机构责令统计违法者缴纳一定数额的货币,是依法剥夺统计违法者财产权的一种行政处罚。罚款适用于作为统计调查对象的企业事业单位、其他组织、个体工商户。《统计法》规定政府统计机构对有统计违法行为的企业事业单位或者其他组织,依法可以处 5 万元以下的罚款,情节严重的可以处 5 万元以上 20 万元以下的罚款;对有统计违法行为的个体工商户,依法可以处 1 万元以下的罚款。

6. 没收违法所得。在统计法律法规中,没收违法所得是指政府统计机构强制收缴统计违法者违法所得财物的一种行政处罚。《统计法实施条例》对统计机构或者有关部门违法组织实施营利性统计调查的行为设立了没收违法所得这一行政处罚。

7. 处分。在统计法律法规中,处分是指对有统计违法行为的国家工作人员实施的警告、记过、记大过、降级、撤职、开除等政务处分,由政府统计机构将案件和处分建议移送任免机关、监察机关,由任免机关、监察机关依法依规实施。

此外,《统计法》还规定,对于利用虚假统计资料骗取荣誉称号、物质利益或者职务晋升的,应当取消其荣誉称号,追缴获得的物质利益,撤销晋升的职务。

(二)统计违法行为的刑事法律责任。

《统计法》第四十七条规定,违反本法规定,构成犯罪的,依法追究刑事责任。《统计法实施条例》第五十一条规定,统计违法行为涉嫌犯罪的,县级以上人民政府统计机构应当将案件移送司法机关处理。按照《中华人民共和国刑法》(下文称《刑法》)《统计法》《统计法实施条例》,下列统计违法行为涉嫌犯罪,应当依法追究刑事法律责任:

1.《统计法》第三十七条第三项所规定的地方人民政府、政府统计机构或者有关部门、单位的负责人对依法履行职责或者拒绝、抵制统计违法行为的统计人员打击报复的统计违法行为,构成犯罪的,对应《刑法》第二百五十五条予以处理。根据该条规定,公司、企业、事业单位、机关、团体的领导人,对依法履行职责、抵制违反会计法、统计法行为的会计、统计人员实行打击报复,情节恶劣的,处三年以下有期徒刑或者拘役。

2.《统计法》第三十九条第一款第二项所规定的泄露统计调查对象的商业秘密、个人信息或者提供、泄露在统计调查中获得的能够识别或者推断单个统计调查对象身份的资料的统计违法行为,构成犯罪的,对应《刑法》第二百五十三条之一予以处理。根据该条规定,违反国家有关规定,向他人出售或者提供公民个人信息,情节严重的,处三年以下有期徒刑或者拘役,并处或者单处罚金;情节特别严重的,处三年以上七年以下有期徒刑,并处罚金。违反国家有关规定,将在履行职责或者提供服务过程中获得的公民个人信息,出售或者提供给他人的,依照前款的规定从重处罚。窃取或者以其他方法非法获取公民个人信息的,依照第一款的规定处罚。单位犯前三款罪的,对单位判处罚金,并对其直接负责的主管人员和其他直接责任人员,依照各款的规定处罚。

3.《统计法》第四十条规定的统计机构、统计人员泄露国家秘密的违法行为,对应《刑法》第三百九十八条予以处理。根据该条第一款的规定,国家机关工作人员违反保守国家秘密法的规定,故意或者过失泄露国家秘密,情节严重的,处三年以下有期徒刑或者拘役;情节特别严重的,处三年以上七年以下有期徒刑。

4.《统计法》第四十一条第一款第四项所规定的拒绝、阻碍统计调查、统计检查的统计违法行为,构成犯罪的,对应《刑法》第二百七十七条第一款予以处理。根据该条规定,以暴力、威胁方法阻碍国家机关工作人员依法执行职务的,处三年以下有期徒刑、拘役、管制或者罚金。

5.《统计法》第四十九条第三款规定的利用统计调查危害国家安全、损害社会公共利益或者进行欺诈活动的违法行为,构成犯罪的,对应《刑法》中危害国家安全罪和危害公共安全罪的规定,依法追究刑事责任。

第四章 统计执法检查

第一节 统计执法检查的基本内容

一、统计执法检查的概念

统计执法检查是一种行政执法活动。所谓行政执法,从一般的意义上来讲,就是行政机关执行法律、法规,管理社会的活动,也就是行政机关和法律、法规授权的组织,按照法律规定的权限和程序,行使行政权,依法对经济社会实施具体管理的行政活动。行政执法最基本的特征是执行性。顾名思义,行政执法就是行政机关执行法律。"徒法不足以自行",法律需要通过执行和遵守来实现其价值目标。在法治社会,法律至上是一项基本原则。这就要求行政权力和行政执法活动必须置于宪法和法律之下,行政执法不能超越法律的规定;行政执法权必须合法取得,不得越权行使;行政执法活动应当符合法律的规定,包括实体性规定和程序性规定。行政机关实施行政管理,应当依照法律、法规、规章的规定进行;没有法律、法规、规章的规定,行政机关不得作出影响公民、法人和其他组织合法权益或者增加公民、法人和其他组织义务的决定。

统计执法检查是指统计行政机关,依照法定的权限、程序和方式,对公民、法人和其他组织在统计活动中贯彻执行统计法律法规和统计制度的情况进行执法检查,以及对统计违法行为进行查处等各种活动的总称。统计执法检查是使统计法律法规得以实现的重要保证,是实现依法统计,确保统计数据质量和维护政府统计公信力的重要手段。

二、统计执法检查的依据

统计执法检查的依据,是指统计执法检查机构根据什么开展统计执法检查活动。统计法律制度是统计工作的基石,依法统计是各级统计机构组织开展统计工作的基本准则。作为统计执法检查依据的法律制度主要包括统计法律、法规、规章及规范性文件,即以统计法律为中心,统计行政法规相配套,地方性统计法规、统计规章等为补充的统计法律制度。

(一)统计执法检查依据的种类。

根据法律规范效力的不同,统计执法检查依据的统计法律制度主要概括为以下五种形式:统计法律、统计行政法规、地方性统计法规、统计规章及规范性文件。

1.统计法律。目前我国唯一的综合性统计法律是《统计法》。此外,我国还在《银行业监督管理法》《义务教育法》《土地管理法》等多部法律中对统计工作某一方面作出规定。

2.统计行政法规。现行的统计行政法规主要有:《统计法实施条例》《全国经济普查条例》《全国农业普查条例》《全国人口普查条例》《关于工资总额组成的规定》《国际收支统计申报办法》《全国污染源普查条例》《土地调查条例》等。

3.地方性统计法规。我国大部分省(自治区、直辖市)制定了统计地方性法规。如:《北京市统计条例》《天津市统计管理条例》等。

4.统计规章。国家统计局制定或与有关部门联合制定的统计行政规章主要有:《处分规定》《统计严重失信企业信用管理办法》《统计执法证管理办法》《统计执法监督检查办法》《涉外调查管理办法》《部门统计调查项目管理办法》等。

5.规范性文件。国家统计局制定的现行有效的规范性文件主要有:《国家统计局行政处罚信息公示办法》《国家统计局统计执法"双随机"抽查办法(试行)》《关于对非法人产业活动单位给予行政处罚问题的批复》等 15 个。

(二)统计执法检查依据的适用规则。

《中华人民共和国立法法》(下文称《立法法》)从我国的实际出发,在明确不同法律规范的效力等级的基础上,对如何具体应用各种法律规范规定了三大基本规则,即上位法优于下位法、特别法优于一般法、新法优于旧法,同时明确了一个基本原则,即法律规范不溯及既往。这些规则和原则都是统计执法检查所必须遵循的。

1.上位法优于下位法,同位法在各自的权限范围内适用。上位法优于下位法是一项最基本的法律适用规则,因而也是统计执法检查依据适用的一项最基本规则。这一规则包括:

当高位阶的统计执法检查依据对需要应用的违法事实作出明确规定的,应当直接根据此规定对违法行为作出判断和处理。如,在《统计法》已对有关统计违法行为作出明确规定的,统计执法检查机构应当直接根据《统计法》的有关规定对统计违法行为作出相应处理。这是因为,如果《统计法》等高位阶的统计执法检查依据已经作出明确而足够的规定时,一般情况下低位阶的依据就不会也没必要再重复规定。高位阶的统计执法检查依据没有作出明确规定的,统计执法检查机构寻找低位阶的依据,直至能够对统计违法行为作出清晰、完整的判断和处理。

部门规章与地方性法规的适用问题。《立法法》第一百零六第一款第(二)项规定,地方性法规与部门规章之间对同一事项的规定不一致,不能确定如何适用时,由国务院提出意见,国务院认为应当适用地方性法规的,应当决定在该地方适用地方性法规的规定;认为应当适用部门规章的,应当提请全国人大常委会裁决。

2.特别法优于一般法。《立法法》第一百零三条规定,同一机关制定的法律、行政法规、地方性法规、自治条例和单行条例、规章,特别规定与一般规定不一致的,适用特别规定;新的规定与旧的规定不一致的,适用新的规定。这是特别法优于一般法的规则的具体体现。适用特别法优于一般法的规则要满足两个前提条件:一是限于"同一机关"制定的执法依据;二是对同一事项分别作出了"一般规定"与"特别规定",且两者之间存在着不一致。在实践中,"特别规定"与"一般规定"的区分并不都是显而易见的,需要依据条文具体规定进行区分。比如,有的新的法律法规为了与业已存在的法律法规相衔接,往往对适用关系加以明确,比较常见的有,关于某某事项的管理依照本法规定执行,本法未作规定的,适用其他有关法律法规的规定。

3.新法优于旧法。《立法法》第一百零三条规定,同一机关制定的法律、行政法规、地方性法规、自治条例和单行条例、规章,特别规定与一般规定不一致的,适用特别规定;新的规定与旧的规定不一致的,适用新的规定。新法优于旧法也称为"后法优于前法",是立法法确立的第三项基本的法律适用规则。这一规则的适用条件与"特别法优于一般法"有共同之处:一是同样限于"同一机关"制定的执法依据,并且都是已经生效的执法依据;二是对同一事项的管理分别存在着"新的规定"与"旧的规定",且两者之间存在着不一致。

4.关于统计执法检查依据的溯及力。《立法法》第一百零四条规定,法律、行政法规、地方性法规、自治条例和单行条例、规章不溯及既往,但为了更好地保护公民、法人和其他组织的权利和利益而作的特别规定除外。这确立了法不溯及既往的原则。统计执法检查依据的不溯及既往,指统计执法检查依据的规定仅适用于其施行以后发生的事件和行为,对于其施行之前发生的事件和行为没有约束力。不溯及既往以统计执法检查依据的规定施行时间为界限,即只对施行后的行为有约束力,对施行前的行为不溯及。但为了更好地保护公民、法人和其他组织的权利和利益而作的特别规定除外。

三、统计执法检查主体、内容和对象

(一)统计执法检查的主体及权限。

1.统计执法检查的主体。统计执法检查事关行政权力的运作,因

此需要确定符合条件的主体作为其权力的载体。统计执法检查的主体,是指统计法律、法规和规章规定的,可以以自己的名义进行统计执法检查,并能独立承担由此产生的法律后果的行政组织。统计执法检查主体应主要符合以下 3 条件:

(1)统计法明确授权的行政组织。

统计执法检查是一种组织行为而非个人行为,需要通过特定的行政组织实现执法检查的职能。统计法赋予统计执法检查职责的行政组织,可以代表国家实施统计执法检查活动,成为统计执法检查主体。根据《统计法》第三十三条的规定,国家统计局及其派出的调查队、县级以上人民政府统计机构是国家依法授权的统计执法检查机构。

(2)以自己的名义对外实施统计执法检查活动。

各级统计执法检查机构能够独立自主并按照自己的意志从事统计执法检查活动。因此,只是具体行使统计执法检查权,但是没有意志能力的单位或者个人,不应作为统计执法检查主体。具体来讲,统计执法检查机构的内设机构只是所在统计执法检查机构意志的贯彻者,不能在该意志之外再独立自主地表达不同的意志,因此不能作为统计执法检查主体。统计执法检查机构中的成员个人,只能按照其职务要求充当所在统计执法检查机构意志具体表达者和传递者的角色,是其所在统计执法检查机构意志的具体执行者,也不能作为执法检查的主体。

(3)可以独立承担法律后果。

统计执法检查机构在行使执法检查权时,必须能够承担相应法律后果,是统计执法检查机构按照自己的独立意志行使权力的必然要求。实现"权责统一",才能使统计执法检查权得到有效监督并避免其被滥用。具有法人资格,具备独立的组织机构,拥有可以支配的财政拨款,并有固定的办公场所,这些条件可以保证统计执法检查机构享有法律意义上的独立"人格"。在执法检查活动中作出的具体行政行为一旦引起行政复议或者行政诉讼,统计执法检查机构能够独立承担行政责任,成为法律上的被申请人或者被告。

2.统计执法检查的权限。

统计执法检查机构包括国家统计局及其派出的调查队、县级以上地方人民政府统计机构。统计法律、法规、规章以及规范性文件对各类统计执法检查机构规定了不同的执法检查权限。

（1）国家统计局。

《统计法》第三十三条规定，国家统计局组织管理全国统计工作的监督检查，查处重大统计违法行为。近年来，国家统计局围绕全国经济普查、企业"一套表"联网直报等统计中心工作，直接查办了一批重大统计违法案件。加大通报曝光力度，充分发挥教育警示作用。

（2）国家统计局派出的调查队。

《统计法》第三十三条规定，国家统计局派出的调查机构组织实施的统计调查活动中发生的统计违法行为，由组织实施该项统计调查的调查机构负责查处。目前，国家调查队承担的调查项目主要有：组织实施住户调查、劳动力调查、价格调查、农业与农村调查，组织实施有关社情民意调查、企业和个体经营户调查等；组织实施国家统计快速反应制度，组织开展经济社会重大问题和经济发展新动能专项调查；参与组织实施国家有关普查项目。

（3）县级以上地方人民政府统计机构。

县级以上地方人民政府统计机构依法查处本行政区域内发生的统计违法行为。在统一领导、分级负责的统计管理体制下，县级以上地方人民政府统计机构依法管理本行政区域内的地方统计工作，对本行政区域内由其组织实施的国家统计调查任务及其统计数据质量负总责，对本行政区域内的地方统计工作任务的完成情况和地方统计数据质量负总责。相应的，对本行政区域内发生的统计违法行为负有依法查处的责任。

县级以上地方人民政府统计机构、国家统计局派出的调查队都是统计执法检查机构，二者根据职能各负其责、分工协作。

（二）统计执法监督检查机构和统计执法检查人员。

各级统计机构作为统计执法检查机构，设立专门办理统计执法检查事项的内设机构,查办统计违法案件和纠正统计违法行为。建立健全统计执法检查机构,充实统计执法检查人员,是贯彻执行统计法律法规,加强统计法治建设的组织保证。

1.统计执法检查机构。

按照《统计执法监督检查办法》第三条规定,国家统计局统计执法监督局在国家统计局领导下,具体负责对全国统计执法监督检查工作的组织管理,指导监督地方统计机构和国家调查队统计执法监督检查机构工作,检查各地方、各部门统计法执行情况,查处重大统计违法行为。省级及市级统计执法监督检查机构在所属统计局或者国家调查队领导下,具体负责指导监督本地区、本系统统计执法监督检查工作,对本地区、本系统统计法执行情况的检查和查处统计违法行为。县级统计执法监督检查机构或者执法检查人员在所属统计局或者国家调查队领导下,依据法定分工负责本地区、本系统统计执法监督检查工作。地方统计机构和国家调查队应当建立统计执法监督检查沟通协作机制。

国家统计局建立了由全国政治和业务过硬、经验丰富的统计执法人员组成的国家统计执法骨干人才库。全国 31 个省、自治区、直辖市,新疆生产建设兵团统计局和国家统计局各调查总队均设立了统计执法监督检查机构。

2.统计执法检查人员。

统计执法检查人员,是指由县级以上人民政府统计机构依法任命或批准的从事统计执法检查工作的人员。尽管统计执法检查人员自身并不是统计执法检查主体,但是其业务素质和能力是影响统计执法水平的重要因素。

按照《统计执法监督检查办法》的要求,统计执法检查人员应当参加培训,经考试合格,取得由国家统计局统一颁发的统计执法证。经县级以上人民政府统计机构批准,可以聘用专业技术人员参与统计执法监督检查。

除以上规定条件外,统计执法检查人员应具备的素质有:

（1）综合执法能力。作为统计执法检查人员应当具备较高的执法水平和能力。具体包括：对执法检查中涉及的方方面面的关系，要有较强的组织协调和沟通能力；对错综复杂的违法案情，要有去粗取精、去伪存真、由表及里、由此及彼的分析判断能力；对执法检查中出现的各种新情况、新问题要有较强的应变、处理能力；此外，统计执法检查人员还要具备较强的文字写作能力和语言表达能力。

（2）统计业务知识和法律知识。统计执法检查人员既要熟悉有关统计专业知识，还要掌握与业务相关的法律知识。相关的法律知识包括：一是综合规范行政行为和促进依法行政方面的法律、法规、规章及其配套规定，如《宪法》《行政处罚法》《行政复议法》《行政诉讼法》《行政强制法》和《国家赔偿法》等；二是与统计业务工作相关的统计法律、法规、规章及其配套规定，如《统计法》《统计法实施条例》《处分规定》《统计执法监督检查办法》等。

（3）政治素质和道德修养。统计执法检查人员要有良好的思想政治素质和职业道德修养。所谓良好的思想政治素质，是指拥护宪法，忠实地执行和捍卫宪法，坚定不移地执行党的路线、方针和政策，旗帜鲜明地反对和抵制统计造假行为。所谓良好的职业道德修养，就是大力弘扬"真实可信、科学严谨、创新进取、服务奉献"的统计核心价值观，恪守"不出假数、真实可信、准确完整"的统计职业操守。

（4）工作作风。统计执法检查人员应当具备扎实严谨的工作作风，正确行使权力，履行职责，模范执行统计法律法规，严格规范公正文明执法。在执法检查中，一要坚持依法办事，敢于动真碰硬，顶得住来自不同方面的压力。二要公正严明，不偏听偏信。在执法检查中既要收集对被调查对象不利的证据，也要收集对被调查对象有利的证据。三要注意保护被调查对象的合法权益，保护揭发、检举人权益。

3.统计执法监督检查机构和执法检查人员的主要职责。

根据《统计执法监督检查办法》第十条规定，统计执法监督检查机构和执法检查人员的主要职责是：

(1)起草制定统计法律法规规章和规范性文件；

(2)宣传、贯彻统计法律法规规章；

(3)组织、指导、监督、管理统计执法监督检查工作；

(4)依法查处统计违法行为，防范和惩治统计造假、弄虚作假；

(5)组织实施统计执法"双随机"抽查，受理、办理、督办统计违法举报；

(6)建立完善统计信用制度，建立实施对统计造假、弄虚作假的联合惩戒机制；

(7)监督查处涉外统计调查活动和民间统计调查活动中的违法行为；

(8)法律、法规和规章规定的其他职责。

此外，各级统计执法监督检查机构应当加强对所属统计执法检查人员的职业道德教育和业务技能培训，健全管理、考核和奖惩制度。

4.统计执法监督检查机构和执法检查人员的主要职权。

在统计执法检查过程中，统计执法监督检查机构和执法检查人员具有下列职权：

(1)依法发出统计检查查询书，向被检查对象查询有关事项；

(2)要求被检查对象提供与检查事项有关的原始记录和凭证、统计台账、统计调查表、会计资料以及其他相关证明、资料，进入被检查对象统计数据处理信息系统进行检查、核对；

(3)进入被检查对象的业务场所进行实地检查、核对；

(4)经统计执法检查机构负责人批准，登记保存被检查对象的原始记录和凭证、统计台账、统计调查表、会计资料及其他相关证明和资料；

(5)就与统计执法检查有关的事项，询问统计人员、单位负责人和有关人员；

(6)对与统计违法案件有关的情况和资料进行记录、录音、录像、照相和复制。

(三)统计执法检查的内容及对象。

1.统计执法检查的内容。

统计执法检查是对现行统计法律法规执行情况的全面监督检查，

其内容主要包括：

(1)是否存在侵犯统计机构和统计人员独立行使统计调查、统计报告、统计监督职权的行为；

(2)是否存在违反法定程序和统计制度修改统计数据的行为；

(3)是否存在干预企业独立真实报送统计数据的行为；

(4)是否存在虚报、瞒报、伪造、篡改、拒报和迟报统计资料的行为；

(5)是否设置原始记录、统计台账；

(6)统计调查项目是否依据法定程序报批，是否在统计调查表的右上角标明法定标识；

(7)是否严格按照经批准的统计调查制度进行调查，有无随意改变调查内容、调查对象和调查时间等问题；

(8)统计资料的管理和公布是否符合有关规定，有无泄露国家秘密、统计调查对象的商业秘密和单项调查资料的行为；

(9)是否依法进行涉外统计调查和民间统计调查；

(10)法律、法规和规章规定的其他事项。

2.统计执法检查的对象。

按照现行统计法律法规的有关规定，统计执法检查的对象主要有以下3类：

(1)有报送统计资料义务的统计调查对象。

《统计法》第七条规定，国家机关、企业事业单位和其他组织以及个体工商户和个人等统计调查对象，必须依照本法和国家有关规定，真实、准确、完整、及时地提供统计调查所需的资料，不得提供不真实或者不完整的统计资料，不得迟报、拒报统计资料。这是《统计法》对各类统计调查对象报送统计资料义务的规定，同时《统计法》第四十一条、第四十二条等还规定了调查对象不履行如上法律义务所要承担的法律后果。依据这些规定，有报送统计资料义务的统计调查对象是统计执法检查的对象，有义务接受统计执法检查机构所进行的执法检查。

(2)依法组织开展政府统计调查和管理公布统计资料的下级政府

统计机构和政府有关部门。

根据《统计法》《统计法实施条例》和《统计执法监督检查办法》的有关规定,依法组织开展政府统计调查和管理公布统计资料的政府统计机构既是下级政府统计机构和同级政府有关部门的统计业务领导或指导机关,同时也是下级政府统计机构和有关部门贯彻实施统计法律法规和统计制度情况的执法检查机构。通过监督检查下级政府统计机构和有关部门对统计法和统计调查制度的实施情况,通过依法查处违反统计法和统计调查制度的行为,组织领导和规范协调统计工作。

(3)从事涉外调查的涉外调查机构。

国家统计局公布的《涉外调查管理办法》对在我国境内从事涉外调查的涉外调查机构的资格认定和管理、涉外调查项目的管理,以及违反法律法规规章进行涉外调查所应承担的法律责任进行了详细规定。因此,在我国境内从事涉外调查的涉外调查机构也是统计执法检查的对象之一。

第二节　统计执法检查程序

统计执法检查程序,是指统计执法检查机构,包括国家统计局及其派出的调查队、县级以上地方人民政府统计机构,在查办统计违法案件时所应遵循的基本步骤和先后次序。依据需要遵守的行政程序的繁简程度,可以将查办统计违法案件的程序分为一般程序和简易程序。

一、一般程序

一般程序是指统计执法检查应当遵守的比较完整的程序。查处统计违法案件的一般程序大致包括:立案,调查取证,告知、听取陈述申辩(或听证),审理,处理,送达。

(一)立案。

立案,是指统计执法检查机构对违反《统计法》的行为人的有关材料进行审查、分析和研究,认为确有违法事实存在并依法需要追究法律责任的,决定进行调查处理,并办理批准手续的一种工作程序。

根据《统计执法监督检查办法》第二十三条规定,统计执法监督检查机构应当在调查结束后,及时向所属人民政府统计机构提交监督检查报告,报告检查中发现的问题并提出处理建议。处理建议包括:"发现有统计违法行为,符合立案查处条件的,予以立案查处。"

1.立案的条件。

根据《统计执法监督检查办法》,立案查处的统计违法案件,必须同时具备下列条件:

第一,有明确的行为人。

第二,有违反《统计执法监督检查办法》第二十七条所列行为,依法应当追究法律责任。第二十七条所列行为包括:各地方、各部门、各单位及其负责人违反统计法律法规规章的;县级以上人民政府统计机构及其工作人员违反统计法律法规规章的;国家机关、企业事业单位和其他组织以及个体工商户等调查对象违反统计法律法规规章的;违反国家统计规则、政令的;违反涉外统计调查和民间统计调查有关法律法规规章的;其他按照法律法规规章规定应当立案的。

第三,属于人民政府统计机构职责权限和管辖范围。

统计执法监督检查机构或者执法检查人员对拟立案的有关材料进行初步审查并提出初步处理意见,报送所属人民政府统计机构负责人批准后,予以立案查处。

(二)调查取证。

调查取证,是指统计执法检查机构为了查明案件事实,依法收集证据和查明统计违法行为的活动。调查工作的目标是事实清楚、证据充分。

《统计执法监督检查办法》第二十三条规定,统计执法监督检查机构应当在调查结束后,及时向所属人民政府统计机构提交监督检查报告,报告检查中发现的问题并提出处理建议。

1.调查取证程序。

调查取证是统计违法案件查处程序中最实质性的工作阶段,是查清违法事实,收集违法证据的过程。首先要做好调查准备工作。如,统计执法检查人员不得少于两人,重大案件可以组成调查组。调查取证时,执法检查人员应出示统计执法检查证。未出示合法执法证件的,有关单位和个人有权拒绝接受检查。县级以上人民政府统计机构和执法检查人员对在执法监督检查过程中知悉的国家秘密、商业秘密、个人信息资料和能够识别或者推断单个调查对象身份的资料,负有保密义务。

案件调查取证工作应主要抓住以下三个方面:

第一,案件的违法事实:违法事实发生的时间、地点;违法行为发生的原因、条件;主要违法内容;违法性质和情节以及造成的后果。

第二,被检查对象的有关情况:被检查对象的基本状况,包括名称、地址、主营范围等基本信息,被检查对象的一贯表现,包括先前是否存在违法情况,以及整改态度等。

第三,证据材料:在收集证据材料时,应注意就材料内容详细询问被检查对象,确保证据材料的客观性、关联性、合法性。

2.证据。

用以证明案件真实情况的一切材料,都可以作为认定案情的依据。包括书证、物证、视听资料、证人证言、当事人陈述、鉴定结论、勘验笔录、现场笔录等。

执法检查人员要把取得的各种证据加以集中,逐件、逐条地进行审核、整理、对照、鉴别,对统计违法事实逐一地分析认定,并作出结论性的判断。要在对统计违法问题进行调查核实后,在分析证据材料的基础上,撰写监督检查报告。监督检查报告的内容包括,立案的依据、统计违法事实、案件性质、应追究的法律责任、处理意见、执法检查人员及报告时间等。

从被检查对象收集的纸介质证据材料应取得被检查对象许可,并加盖公章,以保证其法律效力。涉及违法行为的关键证据材料收集完成后,证据材料与违法行为的关系应在现场检查笔录或询问笔录中予以记录,并要求被检查对象签字盖章、签署日期,作为重要证据。

(三)告知、听取陈述申辩(或听证)。

《行政处罚法》明确了行政处罚的说明理由与听取意见制度,主要包括告知、听取陈述申辩(或听证)两个步骤。

1.告知。

根据《行政处罚法》的有关规定,统计执法检查机构在作出行政处罚决定之前,应当告知当事人作出行政处罚决定的事实、理由及依据,并告知当事人依法享有的权利。告知是行政执法机关的义务,不告知则严重违反程序,导致行政处罚行为丧失合法性。告知还是保障统计执法质量和效果的重要环节。告知使得当事人可以行使陈述申辩的权利,为统计机构负责人和被检查对象统计工作负责人提供了面对面交流的机会,能有效宣传统计法律法规,提高被检查对象对统计工作重视程度,有利于提升统计行政处罚的效果。

《统计执法监督检查办法》第三十四条规定,统计违法事实清楚、证据确凿,依法决定予以行政处罚的,应当在作出行政处罚决定前,制作《统计行政处罚决定告知书》,向处罚对象告知给予行政处罚的事实、理由、依据和处罚对象依法享有的权利。

2.听取陈述申辩(或听证)。

统计执法监督检查机构应当在作出行政处罚决定前,听取处罚对象意见主要分为两种形式:一是听取当事人陈述申辩,即行政机关及其执法人员以书面或口头形式听取当事人对告知的事实、理由和依据发表意见;二是听证,即行政机关通过召开听证会的形式听取当事人意见。

(1)听取陈述申辩。陈述申辩是指当事人依法享有的说明情况、阐明观点和辩解理由的权利。当事人陈述申辩的目的是希望获得有利于自己的结果。根据《行政处罚法》有关规定,当事人有权进行陈述和申辩。行政机关必须充分听取当事人的意见,对当事人提出的事实、理由和证据,应当进行复核;当事人提出的事实、理由或者证据成立的,行政机关应当采纳。行政机关不得因当事人陈述、申辩而给予更重的处罚。

根据《统计执法监督检查办法》有关规定,统计执法监督检查机构应当在作出行政处罚决定前,制作《统计行政处罚决定告知书》,向处罚对象告知给予行政处罚的事实、理由、依据和处罚对象依法享有的权利。处罚对象对处罚决定进行陈述、申辩,提出不同意见时,统计执法监督检查机构应当认真听取。处罚对象提出新的事实、理由和证据,统计执法监督检查机构应当进行复核,复核成立的,予以采纳。

(2)听证。听证程序,是指行政机关在作出有关决定之前听取当事人的陈述、申辩、质证的程序。听证程序,是为公民、法人或其他组织充分行使和维护自己的合法权益而设置的一种程序上的制度保障。在听证程序中,当事人有权充分表达自己的意见和主张;有权为自己辩解;有权要求行政机关提供证据和处罚依据;有权与执法者进行对质和辩论。同时,听证程序的运用,也可以使行政机关在执法时,防止执法人员主观臆断,滥用职权。

《统计执法监督检查办法》第三十五条规定,县级以上人民政府统计机构作出对法人或者其他组织5万元以上罚款,对个体工商户作出2000元以上罚款的行政处罚决定前,应当告知处罚对象有要求举行听证的权利。处罚对象要求听证的,作出处罚决定的统计机构应当依法组织听证。处罚对象应当在收到《统计行政处罚决定告知书》3日内向作出处罚决定的统计机构提出听证要求,作出处罚决定的统计机构应当在听证的7日前通知处罚对象举行听证的时间和地点。

听证由统计机构指定的非本案执法检查人员主持,处罚对象认为主持人与本案有直接利害关系的,有权申请回避。举行听证时,执法检查人员提出处罚对象违法的事实、证据和处罚建议,处罚对象进行申辩和质证。听证应当制作笔录,笔录应当交处罚对象审核无误后签字或者盖章。

据此，启动统计执法中的听证程序应同时满足以下两个条件：

①罚款超过了一定数额；

②当事人在法定期限内提出申请。

（四）审理。

根据《行政处罚法》有关规定，行政机关负责人在调查终结后，应当对调查结果进行审查，根据不同情况，分别作出决定，并依法将作出的行政处罚决定书送达当事人。

根据《统计执法监督检查办法》有关规定，统计执法监督检查机构应当及时组织召开会议，对案件进行讨论审理，确定统计违法行为性质和处理决定，报统计机构负责人审查。对情节复杂或者重大违法行为给予较重的行政处罚，应当集体讨论决定。在审理过程中发现统计违法事实不清、证据不足或者程序错误的，应当责成执法检查组或者执法检查人员及时补充或者重新调查。

根据《行政处罚法》有关规定，重大行政处罚案件在行政机关负责人作出行政处罚的决定之前，应当由从事行政处罚决定法制审核的人员进行法制审核；未经法制审核或者审核未通过的，不得作出决定。具体包括以下 4 种情形：

1.涉及重大公共利益的；

2.直接关系当事人或者第三人重大权益，经过听证程序的；

3.案件情况疑难复杂、涉及多个法律关系的；

4.法律、法规规定应当进行法制审核的其他情形。

同时，《行政处罚法》对进行法制审核的人员作出了一定规定，即行政机关中初次从事行政处罚决定法制审核的人员，应当通过国家统一法律职业资格考试取得法律职业资格。

（五）处理。

统计违法案件审理终结，县级以上人民政府统计机构应当对不同情况分别作出处理：

1.违反统计法律法规规章证据不足,或者统计违法事实情节轻微,依法不应追究法律责任的,即行销案;

2.违反统计法律法规规章事实清楚、证据确凿的,依法作出处理;

3.违反统计法律法规规章和国家统计规则、政令,应当给予处分的,移送任免机关或者纪检监察机关处理;

4.违反统计法律法规规章和国家统计规则、政令,被认定为统计严重失信的,按照国家有关规定进行公示和惩戒;

5.涉嫌违反其他法律法规规定的,移交有关行政机关处理;涉嫌犯罪的,移送司法机关、监察机关处理。

违反《统计法》,涉嫌犯罪的,移送司法机关依法追究刑事责任,根据《刑法》中相关罪名,主要有以下犯罪行为:

(1)构成"打击报复会计、统计人员罪";

(2)构成"伪造、变造、买卖国家机关公文、证件、印章罪";

(3)构成"伪造公司、企业、事业单位、人民团体印章罪";

(4)构成《刑法》其他犯罪行为。

立案查处的统计违法行为,应当在立案后3个月内处理完毕;因特殊情况需要延长办理期限的,应当按规定报经批准,但延长期限不得超过3个月。

统计违法行为处理决定执行后,应当及时结案。结案应当撰写结案报告,报送所属人民政府统计机构负责人同意,予以结案。

(六)送达。

《统计执法监督检查办法》对县级以上人民政府统计机构作出的《统计行政处罚决定书》的送达作出了相应规范。

1.送达的时限:县级以上人民政府统计机构应当在《统计行政处罚决定书》作出后7日内送达处罚对象。

2.《统计执法监督检查办法》规定的送达主要方式。

(1)直接送达。处罚对象应当在送达回执上签字盖章,并注明签收日期。

（2）留置送达。处罚对象拒绝接收的,应当在其他人员见证下,由送达人员、见证人员在送达回执上签字并注明理由,将《统计行政处罚决定书》留置。处罚对象不能接收的,应当在其他人员见证下,由送达人员、见证人员在送达回执上签字并注明理由。

（3）邮寄送达。邮寄送达的,应当通过中国邮政挂号寄送。

二、简易程序

简易程序是依法省略一般程序的某些步骤,在较短时间内作出行政决定的程序。简易程序灵活高效,避免繁琐的呈批审议程序,执法成本低;但适用简易程序也要符合法定条件,遵循法定程序,避免出现违法处罚或者逃避处罚的现象。

（一）适用条件。

根据《统计执法监督检查办法》第四十条规定,适用简易程序,当场作出统计行政处罚决定,需要满足以下条件:

1.统计违法事实清楚并有法定依据。

2.对法人或者其他组织拟作出警告或警告并处一千元以下罚款的行政处罚。

（二）适用程序要求。

1.办案人员不得少于两人,并应当出示执法证件。

2.案件事实清楚、证据确凿。

3.告知当事人陈述、申辩的权利。

4.听取当事人陈述、申辩,进行记录并答复意见。

5.填写预定格式、编有号码的行政处罚决定书,并当场交付当事人。当事人拒绝签收的,应当在行政处罚决定书上注明。

6.告知当事人可以依法申请行政复议和行政诉讼的期限和途径。

第三节　统计执法检查法律文书制作与使用

一、统计执法检查法律文书概述

（一）统计执法检查法律文书的概念。

行政执法文书是指在行政执法中由行政机关制作的具有法律效力和规范格式的公文文书，既是行政机关依法办理各类行政案件的载体，也是考量行政执法行为是否合法、合理的重要证据。统计执法检查法律文书（以下简称"执法文书"）是统计执法检查机构在统计执法检查过程中，依据相应法律法规制定和使用的，具有法律效力的公文文书。

（二）统计执法检查法律文书制作要求。

在设计执法文书时，应坚持合法性原则，做到执法文书设计必须依据法律，不能与法律规定相抵触；坚持相对统一原则，执法文书设计应当注意同一事项、同一职能执法文书格式与内容的统一；坚持繁简适度原则，执法文书的格式、内容等在符合法律规定的前提下，应当尽量简洁明了，达到全面性与简明性之间的平衡；坚持注重说理原则，要根据案件以及当事人的具体情况有针对性地说理；坚持动态调整原则，针对法律法规修订和执法体制、执法方式改革等情况，适时完善文书内容，调整执法文书格式，适应统计执法检查需要；坚持方便使用原则，要及时了解执法一线工作中存在的问题，收集执法人员和行政相对人对执法文书的反馈意见，不断予以改进。

在制作执法文书时，应当做到准确，即正确认定违法事实和准确适用法律；应当详略得当，做到简洁，言简意赅；应当内容全面，不能遗漏必要的项目；应当规范，做到程序规范、格式规范、语言文字规范，充分体现法律文书的严肃性和统一性。

（三）统计执法检查法律文书的特征。

执法文书是统计行政执法领域内的一种专用文书，除了具有与其

他统计行政文书共同的特点外,还有其自身的一些基本特征:

1. 合法性。

合法性是执法文书的基本特征,也是其发挥法律功能的基础。执法文书在使用中具有特定的法律效力,在涉及处罚时对相关单位和个人要发挥法律约束力,这就要求文书从制作到使用,必须符合有关法律法规的规定。

首先,执法文书在行政执法活动中使用,它的出具使用直接反映着统计执法检查活动的进展,必须依照程序法的有关规定制作。对一个具体案件的处理,从案件的立案、调查、告知、听证到行政处罚,每个环节都必须按照《行政处罚法》《统计法》等法律、法规有关条款规定制作相应的执法文书,作为进行某项活动的文字凭证。在实际查处统计违法案件时,统计执法检查通知书、送达回证、现场检查笔录、行政处罚告知书、行政处罚决定书等文书分别对应着统计执法检查的不同环节要求,任何文书都不能缺失或互相替代。如在统计执法检查通知书送达后,必须填写送达回证作为送达的依据以表明送达环节的完成。

其次,《行政处罚法》《统计法》等法律、法规对于执法程序中的部分环节有时限要求,与此相应的执法文书必须按规定时限进行使用,因此,时限的合法性也是执法文书合法性的一个特定要求。如对统计违法行为的追诉期为 2 年;不服统计行政处罚提起行政复议必须在处罚决定送达后六十日以内;直接提起行政诉讼的,必须在处罚决定送达后六个月以内;提起上诉的时限必须在一审判决送达后的十五日以内等。因此,统计执法检查机构在处理案件的某项活动中必须遵守法律对于期间的规定,当事人行使某项权利也必须遵守特定的时限,逾期即丧失相关权利。

最后,执法文书的合法性还表现在某些文书的使用必须履行特定的法律手续,以保证文书本身的合法有效。如立案审批表、案件处理意见审批表等,必须履行审批手续。如不履行相应手续,不仅不能发生法律效力,该项活动也属违法行为。

2.结构固定化。

为贯彻依法行政的要求,严格规范执法,经过长期的统计执法实践,国家统计局总结经验、不断完善,形成了较为科学的一套执法文书样式,供各级统计机构根据实际情况参照使用。现行的统计执法文书样式,一般具备首部、正文、尾部三部分内容。

(1)首部。大都由文书标题、文书编号、当事人的身份事项、案由、案件来源等项内容组成,并按上述次序排列。

(2)正文。包括案件事实、处理理由、处理决定(意见)三项内容,是执法文书的核心内容。

(3)尾部。一般由交代有关事项、签署、日期、用印、附注事项等内容组成。

3.用语规范性。

执法文书各部分内容的表述,多有规范的固定用语,书写时只能使用固定表述,不可随意变通。如在行政处罚决定书中向当事人告知权利时,应使用如下表述:"如对本处罚决定不服,可在接到本决定书之日起六十日内,向××统计机关或人民政府申请行政复议,或者在六个月内向××人民法院提起诉讼。"

4.事项要素化。

执法文书在某些特定项目内容的表述中还须符合其要素规定,不可残缺不全。如在填写当事人情况时,当事人为个人的,应写明姓名、工作单位、职务、联系电话等要素,当事人为法人或其他组织的,应写明单位全称、法定代表人(负责人)姓名、地址等要素,并且填写内容应与市场监管登记注册等信息一致。

(四)效力。

1.确定力。

确定力是指执法文书一经作出和送达,非依法定原因和法定程序不得随意改变或者撤销的效力。执法文书的确定力,对于统计执法检查机构和当事人都有制约作用。

2.拘束力。

拘束力是指执法文书一经作出和送达,统计执法检查机构和当事人对其内容遵守与服从的效力。一方面,统计执法检查机构负有服从或者遵守执法文书的义务,也负有保障当事人权利实现或者义务履行的职责。另一方面,当事人对执法文书设定的义务有遵守和服从的义务。

3.执行力。

执行力是指执法文书的内容得以全部实现的效力。执法文书一经作出和送达,当事人必须遵守并履行执法文书确定的义务,如果当事人无正当理由而拒绝履行义务,统计执法检查机构可以依法采取必要措施强制其履行。

4.公定力。

公定力是指执法文书一经作出和送达,即对任何个人和单位都具有被推定为合法、有效而予以尊重的法律效力。由于行政权力的公认和法定,而执法文书又是行政权力认定的载体,故执法文书也具有公定力。当事人可以通过法定途径寻求救济,使执法文书的公定力得到否定。如执法文书在经法定程序裁定无效,其公定力即被否定。否定了执法文书的公定力,其实也就是否定了执法文书的确定力、拘束力和执行力。

二、常用统计执法检查法律文书

在统计执法检查过程中,按照《统计法》《统计执法监督检查办法》等法律法规的要求和日常执法工作需要,部分执法文书在执法流程中必不可少,使用频率很高,应当熟练掌握其制作与使用要求。

(一)统计执法检查通知书。

在实施统计执法检查前,要依法先向被检查对象送达统计执法检查通知书,对于应当通知的事项内容要告知到位。实施统计执法检查,应当提前通知被检查对象,告知统计执法检查机构的名称,检查的依据、范围、内容、方式和时间,对被检查对象的具体要求等。

统计执法检查通知书可以分为首部、正文、尾部三部分,首部主要内容为制作机关、文书名称、编号、主送单位(被检查对象);正文主要内容为依据的统计法律、法规规定,检查的具体时间、内容、范围、方式和检查人员及负责人,同时对被检查对象提出要求,如接受检查的人员、资料等;尾部主要内容为通知的机关、时间、盖章、联系电话等。

(二)现场检查笔录。

现场检查笔录是指统计执法检查人员在执法现场对执法过程所作的记录。由于统计执法检查属于现场执法,因此现场检查笔录是统计执法检查的重要证据。

现场检查笔录可以分为首部、正文、尾部三部分。首部主要记录被检查对象的基本信息,包括被检查对象的名称、地址等信息。正文包括数据信息,被检查对象意见或者说明,检查数的计算方法、依据和材料来源。数据信息是指检查的报表名称、表号、期别,指标、单位、报送数、检查数等信息;被检查对象意见或者说明是指被检查对象是否认可检查数、对数据差错原因的说明及被检查对象有关人员的签字、接受检查日期和被检查对象印章等内容。尾部是检查人员签名和统计执法证号。

现场检查笔录的制作务必格式准确,内容真实可靠。在实际检查时,要注意以下4个方面:

1. 检查的数据。

检查的数据必须依据被检查对象的真实资料,按照统计制度规定的计算方法进行计算和记录。在记录和计算检查的数据时要保证其准确性、正确性,避免抄错数据、弄错单位、四舍五入错误等问题。在记录完毕后,可请被检查对象的有关人员进行详细核对。如被检查对象对检查的数据有疑义,可在意见及说明部分予以记录。

2. 被检查对象意见及说明。

如条件允许,由被检查对象签署"认可检查数"。如被检查对象承认错误,则作相应记录。在被检查对象拒绝签署"认可检查数"时,可由被检查对象作出意见及说明,保证顺利签字盖章以完成现场检查笔录。

3.接受检查的人员。

接受检查的人员不一定是被检查对象的工作人员(如外包的会计事务所人员或相关单位的代理会计人员等),这种情况下要在接受检查人员的职务前写清其所在工作单位。

4.签字盖章。

现场检查笔录制作完成后,检查被检查对象的公章是否加盖清楚,签字是否齐全,记录是否准确,确保执法文书的法律效力。

(三)询问笔录。

询问笔录是指统计执法检查人员对与案件有关人员就有关情况进行了解询问后所作的记录。《行政处罚法》第五十五条规定,行政机关在调查或者进行检查时,当事人或者有关人员应当如实回答询问,并协助调查或者检查,不得拒绝或者阻挠。询问或者检查应当制作笔录。《统计执法监督检查办法》第二十条规定,有关人员应当如实回答询问、反映情况,提供相关证明和资料,核实笔录,并在有关证明、资料和笔录上签字,涉及单位的加盖公章。拒绝签字或者盖章的,由执法检查人员现场记录原因并录音录像。

询问笔录可以分为首部、正文、尾部三部分。首部主要记录被询问人员的基本信息,包括检查的时间、地点、询问人员和检查证号以及被询问人员的姓名、身份证号、职务、工作单位、政治面貌、联系电话等信息。正文是对调查询问的情况说明,一般采用一问一答的形式记录。尾部是询问人员和被询问人员的签字。

在实际检查时,使用询问笔录要注意以下方面:

1.记录示证。

应先记录询问人员的示证和介绍,以证明执法流程符合规定。《行政处罚法》第五十五条规定,执法人员在调查或者进行检查时,应当主动向当事人或者有关人员出示执法证件。《统计执法监督检查办法》第十八条规定,统计执法监督检查机构进行执法监督检查时,执法检查人员不得少于2名,并应当出示国家统计局统一颁发的统计执法证,告知检查对象和有关单位实施检查的人民政府统计机构名称,检查的依据、范围、内容和方式,以及相应的权利、义务和法律责任。未出示统计执法证的,有关单位和个人有权拒绝接受检查。

2.正文内容。

正文记录的内容应事实清楚,逻辑严密。如被询问人员所说内容前后矛盾,应求证确认后记录真实情况。

与统计违法行为相关的情况应记录完整,如被检查对象统计基础工作情况,报送统计数据的依据,出现违法行为的原因、过程、责任人等,确保检查结果的合法性和合理性,为下一步可能的处罚行为做充足准备。

3.需要说明的内容。

对被检查对象的情况、行为以及出具的证据材料,需要进行特别说明的应在询问笔录中予以说明。如被检查对象所属行业的特殊性、聘用人员的使用、名称变更说明等,需要在询问笔录中记录说明。

4.修改确认。

询问笔录中的修改处,要由被询问人员捺手印或者签字确认。

5.签字盖章。

询问笔录记录完毕后,被调查人员签名确认。询问笔录制作完成后,检查被询问人签字是否齐全,记录是否准确,确保执法文书的法律效力。

(四)统计检查查询书。

统计检查查询书是政府统计机构在检查统计违法行为或核查统计数据过程中,为获取检查核查的相关信息,向检查对象发出的,要求其在一定期限内就特定问题予以答复的执法文书。根据《统计法》第三十五条规定,县级以上人民政府统计机构在调查统计违法行为或者核查统计数据时,有权发出统计检查查询书,向检查对象查询有关事项。

统计检查查询书既可以是在执法检查中针对被检查对象有关问题的查询,也可以是在日常管理中针对行政相对人是否遵守统计法律、法规、规章和国家统计制度等方面的查询。

统计检查查询书的使用不受是否立案或是否已向被查询单位发出过执法检查通知的限制。县级以上人民政府统计机构和国家统计局派出的调查队在必要时,可依法向有关单位发出统计检查查询书,有关单位应按期据实答复。

统计检查查询书的使用是统计执法检查的一种重要手段,实际使用主要基于两种情况:一是调查对象的报表数据变化巨大,缺乏合理性说明等情况下,直接向其发送统计检查查询书,便于了解真实情况,如涉嫌存在违法行为,则为后续的检查立案创造条件;二是在被检查对象不配合执法检查,或由于其他原因导致执法检查无法正常开展时,可以向其发送统计检查查询书。在使用过程中,应注意统计检查查询书必须经检查机构负责人批准后才能发出。

(五)统计报表催报单。

统计报表催报单是在调查对象发生迟报统计数据行为时,统计机构为催促其履行统计义务向其发出的执法文书。使用统计报表催报单的目的有两方面:一是催促调查对象尽快报数,履行其上报义务;二是警示迟报行为,保证调查对象在以后的统计工作中按时上报。

在实际工作中,当规定的上报最后时限已过,调查对象仍未报送统计数据时,就可以向其发出统计报表催报单。

(六)行政处罚告知书。

行政处罚告知书是统计执法检查机构在对被检查对象作出处罚决定前,行使告知义务时使用的执法文书。依据《行政处罚法》第四十四条的规定,行政机关在作出行政处罚决定之前,应当告知当事人拟作出的行政处罚内容及事实、理由、依据,并告知当事人依法享有的陈述、申辩、要求听证等权利。行政处罚告知书中要依法写明当事人的违法事实、情节、处罚的理由和依据、拟做出的处罚决定、应告知的当事人权利等需要告知的内容。

行政处罚告知书中,陈述申辩的期限根据实际情况可以酌情掌握,但要合乎情理。达到听证标准的,依据《行政处罚法》第六十四条的规定,当事人要求听证的,应当在告知后五日内提出。

(七)行政处罚决定书。

行政处罚决定书是统计执法检查机构针对当事人的违法行为,在经过调查取证掌握违法证据的基础上,制作的记载当事人违法事实、处罚理由、依据和决定等事项的具有法律强制力的执法文书。行政处罚决定书分为两类:一是当场行政处罚决定书,仅适用简易程序处罚;二是一般行政处罚决定书,简称行政处罚决定书,适合一般程序的统计违法案件。

当场行政处罚决定书是统计执法人员按照行政处罚简易程序,对案情简单、违法事实清楚、证据确凿的违法案件依法当场作出行政处罚决定的法律文书。采用简易程序处罚违法行为时,执法人员按照事先制作好的当场处罚决定书填写有关内容,而不通过立案审批等一般程序,节省了时间,提高了效率,也有利于及时制止统计违法行为。

行政处罚决定书分为首部、正文和尾部三部分,首部主要包括文书标题、文号等内容;正文主要包括被处罚单位、违法事实、违反条款、处罚依据、处罚的种类和幅度。尾部主要包括告知事项、日期、公章等内容。告知事项主要包括以下内容:缴纳罚款的途径、期限;当事人依法享有的诉权;逾期不履行处罚决定,作出处罚决定的行政机关将采取的措施等内容。

(八)行政复议决定书。

行政复议决定书是指行政机关按《行政复议法》规定的程序,对案件事实进行审理作出行政复议决定后,对复议双方当事人作出的书面文件。

行政复议决定书分为首部、正文和尾部三部分。首部主要包括标题、文号、申请人的情况、被申请人的情况。正文主要包括申请复议的主要请求和理由、复议机关认定的事实和理由、复议结论。尾部主要有两项内容，一是要写明如不服复议决定可以向人民法院起诉及其期限；二是落款，包括加盖复议机关的印章、复议决定的日期等内容。

三、统计执法检查法律文书制作

每个执法文书的制作都有其明确目的和适用范围，实际使用要确保文书在符合法律法规要求的前提下满足执法工作需要，灵活应对执法过程中发生的各种问题。

（一）送达。

送达，就是在统计执法检查中，统计执法检查机构将有关的执法文书交给特定的管理相对人。送达的应用非常广泛，如统计报表催报单的送达、统计执法检查通知书的送达、行政处罚告知书的送达等等。

送达是法定程序，是统计执法检查机构的义务。任何需要送达的执法文书，没有经过送达程序，就不发生法律效力。在诉讼程序中，统计执法检查机构如果不能证明文书已经送达，就要承担败诉的后果。因此，送达程序与其他法定程序一样，具有非常重要的意义。

统计执法检查实践中，对于相对人对直接送达的有关文书置之不理的情况，统计部门要采取直接送达以外的方式，完成送达程序。《行政处罚法》第六十一条规定，行政处罚决定书应当在宣告后当场交付当事人；当事人不在场的，行政机关应当在七日内依照《行政处罚法》规定，将行政处罚决定书送达当事人。

在行政相对人接收送达的文书时，一般采用填写送达回证的形式证明文书已送达。由于送达回证填写人员有可能存在离职等可能性，导致下一步的处罚、复议或诉讼因此形成纠纷，送达回证应尽量由法定代表人或单位负责人填写。由其他人员填写送达回证的，要有加盖单位公章、法定代表人或单位负责人签名的授权委托书。

（二）文书制作常见错误。

在统计执法检查过程中，制作和使用执法文书应特别注意避免以下问题,确保执法文书的法律效力。

1. 被检查对象或有关人员的信息记录错误。

如记录中产生丢字、多字、错字等情况;或者被检查对象的注册地址与实际经营地址、实际检查地点不同的,记录产生混淆;或者被检查对象名称变更的,文书中仍使用变更前的名称。

2. 现场检查笔录中数据记录、计算错误。

上报的统计指标单位有"元""千元""万元",在实际检查中容易记录错误。

3. 现场检查笔录中指标计算方法错误。

在实际检查过程中,检查人员对记录的指标理解不透彻或对被检查对象询问不彻底,会造成指标计算方法错误。如在计算工业总产值时,漏计了企业的加工费收入或者多计了企业直接买进卖出原材料的收入等。

4. 现场检查笔录中取证的数据来源错误。

如在取证企业的营业收入指标时,若企业除本部外还有其他产业活动单位时,应以法人口径的利润表中有关数据作为检查数,而不能以本部口径的利润表中有关数据作为检查数。

5. 用语不规范,未使用法言法语。

如在执法文书中应使用提供不真实或者不完整的统计资料等法言法语,而非多报、少报、漏报等词语。

四、统计执法检查法律文书制作要求

执法文书的制作应当认真细致,恰当合理,确保质量。

1. 文书应由多人审核。

在实际检查过程中,执法文书涉及内容繁多,容易出现错误,一方面要求文书制作人细心认真,另一方面要加强审核。检查现场至少有 2 名检查人员,文书由一人制作完成后应当由另一人进行审核,确保文书的正确性、完整性、准确性。

2. 文书的签字盖章。

有关人员应当如实回答询问、反映情况,提供相关证明和资料,核实笔录,并在有关证明、资料和笔录上签字,涉及单位的加盖公章。拒绝签字或者盖章的,由执法检查人员现场记录原因并录音录像。

3. 文书应详细准确。

询问笔录中,与检查有关内容应当尽量记录详细、准确。特别是涉及企业违法行为的情况,在笔录中宁可多做记录,也不要有所遗漏,以确保检查结果的准确性、合法性,避免在后续可能的复议或诉讼中处于被动。

4. 用好统计检查查询书。

在检查中遇到被检查对象不配合统计检查时,应当对其进行说服教育。说服教育无效,则可以通过发放《统计检查查询书》的方式对其进行检查,要求在规定时间,有关人员携指定资料到指定地点接受检查。

5. 用好统计报表催报单。

在调查对象迟报统计数据时,应善于使用统计报表催报单,以保障统计数据的及时性,树立统计公信力。

第五章 统计行政复议与行政诉讼

行政复议与行政诉讼是统计执法检查可能引发的一个延伸环节，不是必经程序。如果当事人对统计执法检查机构的行政处罚决定不服，有权依法申请行政复议或者提起行政诉讼。

第一节 统计行政复议

一、统计行政复议概述

（一）统计行政复议的概念。

统计行政复议是指统计行政机关在行使行政管理职权的过程中，与统计行政相对人发生争议，根据相对人的申请，由法律法规规定的行政机关对引起争议的统计行政行为进行审查并作出裁决或调解的活动。

根据我国《行政复议法》和《统计法》等法律法规的规定，能够引起统计行政复议的行政行为主要有以下几类：一是统计行政处罚类，具体包括警告、罚款、没收违法所得等。二是行政审批许可类，如统计行政机关在开展涉外调查机构资格认定和涉外社会调查项目审批过程中，当事人认为没有依法办理的。三是侵权类，包括统计行政机关侵犯调查对象合法经营自主权、违法要求履行其他义务或者行政行为侵犯其合法权益等，如摊派费用、没有依申请公开有关政府信息、官方网站登载的内容涉嫌侵权等。四是不履行职责类，如复议申请人认为统计机构不履行法定职责情况。

（二）统计行政复议的功能。

根据我国行政复议制度的实践特征和发展趋势,行政复议的功能作用可以概括为四个方面,行政救济、行政监督、化解纠纷和诉讼减负。统计行政复议也同样具有这四个方面的功能。

1.行政救济功能。

具体体现为三方面:一是纠正违法的或者不当的行政行为;二是解答申请人的疑问;三是不加重申请人的法律责任。

2.行政监督功能。

行政复议通过对个案审查,监督行政机关行使行政权力时事实是否查清、程序是否合法、依据是否准确、处理是否得当、是否超越职权,从而规范行政执法。行政复议监督不同于一般的行政层级监督,行政复议权力并非必须基于行政隶属关系,而是源于法律的直接授权,可以针对在监督过程中发现的普遍性问题向有关行政机关提出改进的意见和建议。

3.化解纠纷功能。

化解行政纠纷是行政复议的基本功能。行政纠纷是行政机关之间或行政机关同公民、法人及其他组织之间由于行政行为而引起的纠纷。

4.诉讼减负功能。

诉讼减负是指行政复议能够为行政诉讼减负。一是通过行政复议可以减少流向行政诉讼渠道的行政案件;二是没有在行政复议环节得到完全解决的纠纷,由于行政复议机关已经进行过先行审查,客观上也大大减轻了司法机关的工作量。

二、统计行政复议程序

统计行政复议程序指通过行政复议解决行政争议的过程中所遵循的方式和步骤,具体包括申请、受理、审理、决定及调解等。

（一）行政复议申请。

1.行政复议申请的含义。

统计行政复议中的申请,是指公民、法人或其他组织认为统计行政机关的行政行为侵犯其合法权益,而依法向行政复议机关提出复议请求,要求统计行政复议机关对该统计行政行为进行审查并作出处理的行为。

向有关机关提出复议申请的主体,称为复议申请人,包括公民、法人和其他组织。有权申请复议的公民死亡的,其近亲属可以申请行政复议。有权申请行政复议的公民如系无民事行为能力人或者限制民事行为能力人,其法定代理人可以代为申请行政复议。有权申请行政复议的法人或者其他组织终止的,其权利义务承受人可以申请行政复议。

2.申请期限。

(1)公民、法人或者其他组织认为行政行为侵犯其合法权益的,可以自知道或者应当知道该行政行为之日起六十日内提出行政复议申请;但是法律规定的申请期限超过六十日的除外。

(2)因不可抗力或者其他正当理由耽误法定申请期限的,申请期限自障碍消除之日起继续计算。

(3)行政机关作出行政行为时,未告知公民、法人或者其他组织申请行政复议的权利、行政复议机关和申请期限的,申请期限自公民、法人或者其他组织知道或者应当知道申请行政复议的权利、行政复议机关和申请期限之日起计算,但是自知道或者应当知道行政行为内容之日起最长不得超过一年。

(4)因不动产提出的行政复议申请自行政行为作出之日起超过二十年,其他行政复议申请自行政行为作出之日起超过五年的,行政复议机关不予受理。

3.申请的形式。

为了便于申请人申请行政复议,《行政复议法》规定申请人可以书面或口头方式申请行政复议。

(1)申请人申请行政复议,可以书面申请。书面申请的,可以通过邮寄或者行政复议机关指定的互联网渠道等方式提交行政复议申请书,也可以当面提交行政复议申请书。行政机关通过互联网渠道送达行政行为决定书的,应当同时提供提交行政复议申请书的互联网渠道。

(2)书面申请有困难的,也可以口头申请。口头申请的,行政复议机关应当当场记录申请人的基本情况、行政复议请求、申请行政复议的主要事实、理由和时间。

4.行政复议被申请人。

(1)公民、法人或者其他组织对行政行为不服申请行政复议的,作出行政行为的行政机关或者法律、法规、规章授权的组织是被申请人。

(2)两个以上行政机关以共同的名义作出同一行政行为的,共同作出行政行为的行政机关是被申请人。

(3)行政机关委托的组织作出行政行为的,委托的行政机关是被申请人。

(4)作出行政行为的行政机关被撤销或者职权变更的,继续行使其职权的行政机关是被申请人。

5.行政复议第三人。

申请人以外的同被申请行政复议的行政行为或者行政复议案件处理结果有利害关系的公民、法人或者其他组织,可以作为第三人申请参加行政复议,或者由行政复议机构通知其作为第三人参加行政复议。第三人不参加行政复议,不影响行政复议案件的审理。

(二)行政复议受理。

统计行政复议中的受理,是指复议机关基于统计行政复议申请人的申请和对行政复议案件的管辖权,认为符合法律规定的申请条件,决定立案并准备审查的行为。

复议机关在接到行政复议申请后,应对其内容进行审查以决定是否受理。《行政复议法》第三十条规定,行政复议机关收到行政复议申请后,应当在五日内进行审查。对符合下列规定的,行政复议机关应当予以受理:(1)有明确的申请人和符合本法规定的被申请人;(2)申请人与被申请行政复议的行政行为有利害关系;(3)有具体的行政复议请求和理由;(4)在法定申请期限内提出;(5)属于本法规定的行政复议范围;(6)属于本机关的管辖范围;(7)行政复议机关未受理过该申请人就同一行政行为提出的行政复议申请,并且人民法院未受理过该申请人就同一行政行为提起的行政诉讼。

(三)行政复议审理。

行政复议机关受理行政复议申请后,依照《行政复议法》适用普通程序或者简易程序进行审理。行政复议机构应当指定行政复议人员负责办理行政复议案件。行政复议人员对办理行政复议案件过程中知悉的国家秘密、商业秘密和个人隐私,应当予以保密。行政复议机关依照法律、法规、规章审理行政复议案件。行政复议机关审理民族自治地方的行政复议案件,同时依照该民族自治地方的自治条例和单行条例。上级行政复议机关根据需要,可以审理下级行政复议机关管辖的行政复议案件。下级行政复议机关对其管辖的行政复议案件,认为需要由上级行政复议机关审理的,可以报请上级行政复议机关决定。

(四)行政复议决定。

1.行政复议决定的概念。

行政复议决定是指复议机关经过对复议案件的审理,根据事实和法律、法规、规章的有关规定,就争议的行政行为作出相应的裁断,其表现形式是《行政复议决定书》。

一般情况下,作出复议决定的步骤是:复议机关对行政行为进行审查,提出意见,经复议机关的负责人同意或者集体讨论通过后,作出行政复议决定。复议机关作出复议决定,应当制作《行政复议决定书》,并加盖行政复议机关印章。

2.复议决定的种类。

复议决定主要有以下形式:

(1)维持。行政行为认定事实清楚,证据确凿,适用依据正确,程序合法,内容适当的,复议机关决定维持。

(2)履行。被申请人不履行法定职责的,行政复议机关决定被申请人在一定期限内履行。

（3）撤销。行政行为有下列情形之一的，行政复议机关决定撤销或者部分撤销该行政行为，并可以责令被申请人在一定期限内重新作出行政行为：主要事实不清、证据不足；违反法定程序；适用的依据不合法；超越职权或者滥用职权。

行政复议机关责令被申请人重新作出行政行为的，被申请人不得以同一事实和理由作出与被申请行政复议的行政行为相同或者基本相同的行政行为，但是行政复议机关以违反法定程序为由决定撤销或者部分撤销的除外。

（4）变更。行政行为有下列情形之一的，行政复议机关决定变更该行政行为：事实清楚，证据确凿，适用依据正确，程序合法，但是内容不适当；事实清楚，证据确凿，程序合法，但是未正确适用依据；事实不清、证据不足，经行政复议机关查清事实和证据。

行政复议机关不得作出对申请人更为不利的变更决定，但是第三人提出相反请求的除外。

（5）确认违法。行政行为有下列情形之一的，行政复议机关不撤销该行政行为，但是确认该行政行为违法：依法应予撤销，但是撤销会给国家利益、社会公共利益造成重大损害；程序轻微违法，但是对申请人权利不产生实际影响。

行政行为有下列情形之一，不需要撤销或者责令履行的，行政复议机关确认该行政行为违法：行政行为违法，但是不具有可撤销内容；被申请人改变原违法行政行为，申请人仍要求撤销或者确认该行政行为违法；被申请人不履行或者拖延履行法定职责，责令履行没有意义。

（6）确认无效。行政行为有实施主体不具有行政主体资格或者没有依据等重大且明显违法情形，申请人申请确认行政行为无效的，行政复议机关确认该行政行为无效。

（7）驳回复议申请人的行政复议申请。主要包括以下情形：一是行政复议机关受理行政复议申请后，发现该行政复议申请不符合《行政复议法》受理规定的,应当决定驳回申请并说明理由。二是行政复议机关受理申请人认为被申请人不履行法定职责的行政复议申请后,发现被申请人没有相应法定职责或者在受理前已经履行法定职责的,决定驳回申请人的行政复议请求。

此外,申请人在申请行政复议时一并提出行政赔偿请求,行政复议机关对依照《国家赔偿法》的有关规定应当不予赔偿的,在作出行政复议决定时,应当同时决定驳回行政赔偿请求;对符合《国家赔偿法》的有关规定应当给予赔偿的,在决定撤销或者部分撤销、变更行政行为或者确认行政行为违法、无效时,应当同时决定被申请人依法给予赔偿;确认行政行为违法的,还可以同时责令被申请人采取补救措施。申请人在申请行政复议时没有提出行政赔偿请求的,行政复议机关在依法决定撤销或者部分撤销、变更罚款,撤销或者部分撤销违法集资、没收财物、征收征用、摊派费用以及对财产的查封、扣押、冻结等行政行为时,应当同时责令被申请人返还财产,解除对财产的查封、扣押、冻结措施,或者赔偿相应的价款。

(五)行政复议调解。

行政复议机关办理行政复议案件,可以进行调解。调解应当遵循合法、自愿的原则,不得损害国家利益、社会公共利益和他人合法权益,不得违反法律、法规的强制性规定。当事人经调解达成协议的,行政复议机关应当制作行政复议调解书,经各方当事人签字或者签章,并加盖行政复议机关印章,即具有法律效力。调解未达成协议或者调解书生效前一方反悔的,行政复议机关应当依法审查或者及时作出行政复议决定。

此外,行政复议机关在办理行政复议案件过程中,发现被申请人或者其他下级行政机关的有关行政行为违法或者不当的,可以向其制发行政复议意见书。有关机关应当自收到行政复议意见书之日起六十日内,将纠正相关违法或者不当行政行为的情况报送行政复议机关。

三、统计行政复议的法律责任

统计行政复议法律责任是指行政复议法律关系各方,由于违反行政复议有关法律规定,而需要承担的法律责任。

(1)行政复议机关不依照《行政复议法》规定履行行政复议职责,对负有责任的领导人员和直接责任人员依法给予警告、记过、记大过的处分;经有权监督的机关督促仍不改正或者造成严重后果的,依法给予降级、撤职、开除的处分。

(2)行政复议机关工作人员在行政复议活动中,徇私舞弊或者有其他渎职、失职行为的,依法给予警告、记过、记大过的处分;情节严重的,依法给予降级、撤职、开除的处分;构成犯罪的,依法追究刑事责任。

(3)被申请人违反《行政复议法》规定,不提出书面答复或者不提交作出行政行为的证据、依据和其他有关材料,或者阻挠、变相阻挠公民、法人或者其他组织依法申请行政复议的,对负有责任的领导人员和直接责任人员依法给予警告、记过、记大过的处分;进行报复陷害的,依法给予降级、撤职、开除的处分;构成犯罪的,依法追究刑事责任。

(4)被申请人不履行或者无正当理由拖延履行行政复议决定书、调解书、意见书的,对负有责任的领导人员和直接责任人员依法给予警告、记过、记大过的处分;经责令履行仍拒不履行的,依法给予降级、撤职、开除的处分。

(5)拒绝、阻挠行政复议人员调查取证,故意扰乱行政复议工作秩序的,依法给予处分、治安管理处罚;构成犯罪的,依法追究刑事责任。

行政机关及其工作人员违反《行政复议法》规定的,行政复议机关可以向监察机关或者公职人员任免机关、单位移送有关人员违法的事实材料,接受移送的监察机关或者公职人员任免机关、单位应当依法处理。行政复议机关在办理行政复议案件过程中,发现公职人员涉嫌贪污贿赂、失职渎职等职务违法或者职务犯罪的问题线索,应当依照有关规定移送监察机关,由监察机关依法调查处置。

第二节 统计行政诉讼

一、统计行政诉讼概述

（一）概念。

统计行政诉讼是指对于发生的统计行政争议，作为统计行政相对人的公民、法人或其他组织依法向该统计行政机关所在地的基层人民法院起诉，法院依法运用司法程序对被诉具体行政行为的合法性进行审查，并依法作出裁判的活动。另外，统计行政相对人对统计行政复议不服的，也可向人民法院提起行政诉讼。

统计行政诉讼是法院审理和裁决统计行政争议的诉讼。统计行政争议的存在是统计行政诉讼的前提，统计行政诉讼的主管机关是人民法院，这是区别统计行政复议的基本特征。就多数情况来说，统计行政复议和统计行政诉讼通常是解决同一个统计行政争议的两个相互衔接的阶段。

（二）基本原则。

着重审查统计具体行政行为合法性原则是统计行政诉讼首要的基本原则。这一基本原则包括两项内容：其一，人民法院在统计行政诉讼中只审查统计具体行政行为，而不审查统计抽象行政行为。其二，人民法院在统计行政诉讼中只审查统计具体行政行为的合法性，而不审查其合理性。

统计行政诉讼还具有其他诉讼共有的基本原则，例如被告行政机关负有举证责任原则，起诉不停止具体行政行为执行原则，人民法院依法独立行使审判权原则，以事实为依据、以法律为准绳原则，合议、回避、公开审判和两审终审原则，当事人在诉讼中法律地位平等原则，适用本民族语言文字进行诉讼原则，辩论原则，法律监督原则等。

（三）受案范围和管辖。

统计行政诉讼受案范围，是指人民法院受理统计行政诉讼案件的范围。统计行政机关的某一具体行政行为是否属于统计行政诉讼范围,决定于它是否具有可诉性。根据《行政诉讼法》《统计法》和《最高人民法院关于适用〈中华人民共和国行政诉讼法〉的解释》的有关规定,统计行政机关的可诉行政行为主要有以下三类:一是统计行政处罚类,如根据《统计法》的规定,统计行政机关对作为统计调查对象的企业事业单位或者其他组织拒绝提供统计资料或者经催报后仍未按时提供统计资料的行为予以警告并处罚款。二是行政审批许可类,如对符合法定条件的调查机构不颁发涉外调查许可证的行为。三是统计行政机关其他具体行政行为,如统计行政机关侵犯调查对象合法经营自主权等权益,只要相对人认为侵犯了其合法权益,又符合《行政诉讼法》的有关规定,就可以依法提起统计行政诉讼。

(四)统计行政诉讼参加人。

统计行政诉讼参加人是指依法参加统计行政诉讼活动,享有诉讼权利,承担诉讼义务,并且与诉讼结果有利害关系的人。它包括所有的统计行政诉讼当事人,即原告、被告、第三人还包括统计行政诉讼代理人。

1.统计行政诉讼原告是指认为统计行政机关的具体行政行为侵犯其合法权益,以自己的名义依法向法院提起统计行政诉讼的公民、法人或者其他组织。

2.统计行政诉讼被告是指被公民、法人或者其他组织指控所作属于法律受案范围的具体行政行为影响其合法权益,并经法院通知应诉的统计行政机关。具体包括县级以上各级人民政府统计机构、国家统计局及其派出的调查队。民间统计调查机构不是行政主体,不构成统计行政诉讼被告。

3.统计行政诉讼第三人是指同被诉具体行政行为有利害关系,在诉讼过程中申请参加诉讼或者由人民法院通知参加诉讼的公民、法人或者其他组织。

4.统计行政诉讼代理人是指代理当事人实施统计行政诉讼行为的

人,以被代理人的名义进行诉讼活动,在代理权限范围内所实施的一切诉讼行为,其法律后果均归属被代理人。

(五)统计行政诉讼证据。

1.统计行政诉讼证据指统计行政诉讼法律关系主体用以证明统计具体行政行为是否合法和是否侵犯管理相对人合法权益的事实材料。诉讼证据的种类包括书证、物证、视听资料、电子数据、证人证言、当事人陈述、鉴定结论、勘验笔录与现场笔录等八类。

2.统计行政诉讼证明责任也即统计行政诉讼举证责任,指统计行政诉讼当事人对自己提出的主张有收集或提供证据的义务,并有运用该证据证明主张的案件事实成立或有利于自己主张的责任,否则将承担其主张不能成立的风险。

统计行政机关作为行政诉讼被告的举证责任,除对作出的统计具体行政行为负有举证责任外,还应当在收到起诉状副本之日起之日起十五日内向人民法院提交作出行政行为的证据和所依据的规范性文件,并提出答辩状。

3.统计行政诉讼证据的提供、调取与保全规则。

(1)统计行政诉讼证据提供的权利与义务主体。一是统计行政诉讼当事人(原告、被告、第三人)均享有向法院主动提供证据的权利,二是知道案件情况、掌握案件有关证据材料的非被告行政机关和非原告的个人、组织有作证和提供证据的义务,三是法定鉴定部门或由法院指定的鉴定部门有应法院要求对有关专门问题进行鉴定和向法院提供鉴定结论的义务。

(2)统计行政诉讼证据的调取规则。法院有权要求统计行政诉讼当事人提供或补充证据,有权向有关行政机关以及其他组织和公民调取证据。被告及其代理人在诉讼过程中不得自行向原告和证人收集证据。

(3)统计行政诉讼证据的保全规则。指统计行政诉讼过程中在证据可能灭失或以后难以取得的情况下,人民法院应诉讼参加人的申请或主动采取某种保护性措施,以保证证据的安全。

4.统计行政诉讼证据的质证和认证。

(1)统计行政诉讼证据的质证是指统计行政诉讼当事人及其代理人就法庭上出示的证据材料,围绕其真实性、关联性、合法性、证明力的有无与大小等问题进行对质、辨认并核实的诉讼活动。

(2)统计行政诉讼证据的认证是指审理案件的法官在质证的基础上,依照法定程序,根据一定的原则或规则,对经过质证的证据材料的客观性、合法性和关联性进行审查判断,以确定证据材料的可靠性和证明效力的活动。

二、统计行政诉讼程序

(一)概述。

行政诉讼程序是指原告起诉、被告应诉,人民法院审查被诉具体行政行为并作出裁决的过程、顺序、步骤和方式,是行政诉讼的时间表现形式和空间表现形式的有机统一。

行政诉讼程序中,当事人双方程序上的权利义务并不完全对等,如原告有起诉权、被告无反诉权,原告起诉但被告对具体行政行为负举证责任等。

(二)起诉和受理。

1.起诉是指统计行政相对人认为统计行政机关的具体行政行为侵犯其合法权益,向法院提起诉讼请求,要求人民法院行使国家审判权,对统计具体行政行为进行审查,依法保护自己合法权益的诉讼行为。统计行政诉讼的起诉时效分为下列四种情况:

(1)直接起诉时效是六个月内,自公民、法人或者其他组织知道或者应当知道作出统计具体行政行为之日起算。

(2)经过统计行政复议的案件,申请人不服复议决定,应在收到复议决定书之日起十五日内向人民法院提起统计行政诉讼;统计行政复议机关逾期不作出复议决定的,申请人可以在复议期满之日起十五日内向人民法院起诉。

（3）公民、法人或者其他组织因不可抗力或其他不属于自身的原因耽误起诉期限的，被耽误的时间不计算在起诉期限内。

（4）公民、法人或者其他组织因其他特殊情况耽误起诉期限的，在障碍消除后十日内，可以申请延长期限，是否准许由人民法院决定。

2.受理是指人民法院对统计行政相对人提起的统计行政诉讼进行审查，对符合法定条件的案件予以立案审理的诉讼活动。

法院判决撤销统计行政机关的具体行政行为后，统计行政相对人对统计行政机关重新作出的具体行政行为不服向法院起诉的，法院应当依法受理。

（三）一审、二审和再审程序。

1.一审程序。

统计行政诉讼一审程序是指人民法院从裁定受理到做出一审判决的程序。它是最重要、最基础的程序，不仅因为它是所有统计行政诉讼案件基本的、必经的程序阶段，更重要的，它还是二审及再审程序的参照。统计行政诉讼一审程序一般由 3 名以上的单数审判员或者审判员、陪审员组成合议庭审理行政案件。

（1）审理前准备。首先，发送起诉状、答辩状副本。人民法院应当在立案之日起五日内，将起诉状副本发送被告。被告应当在收到起诉状副本之日起十五日内向人民法院提交作出行政行为的证据和所依据的规范性文件，并提出答辩状。其次，送达开庭通知书和发布开庭公告。人民法院适用普通程序审理统计行政诉讼案件，应在开庭三日前用传票传唤当事人，并通知其他诉讼参与人到庭，当事人或者其他诉讼参与人在外地的，应当留有必要的在途时间。

（2）开庭审理程序。首先，书记员查明当事人和其他诉讼参与人是否到庭，宣布法庭纪律。然后，审判长宣布开庭，宣布事项包括审判组织及合议庭组成人员、具体案由，核对当事人基本情况，简要宣布当事人在法庭审理阶段的诉讼权利和应承担的诉讼义务等。随后，由原告读起诉书、被告读答辩状,然后进行法庭调查和法庭辩论。再后,合议庭评议,作出判决或裁定。最后,宣判。宣判可以当庭进行,也可以定期进行。当庭宣判的,应当在十日内发送判决书。定期宣判的,宣判后立即发给判决书。

(3)审理依据。审理依据是指人民法院对被告作出的原具体行政行为进行审查判断的依据。在统计行政诉讼中人民法院审理的依据包括《统计法》、统计行政法规、地方性统计法规、有关统计的自治条例和单行条例、统计规章等。

2.二审程序。

统计行政诉讼第二审程序,又称作上诉审程序,是指统计行政诉讼当事人不服一审法院未生效的裁判,向上一级法院提起诉讼,由上一级法院进行审理的程序。

当事人不服法院一审判决的,有权在判决书送达之日起十五日内向上一级法院提起上诉。当事人不服法院一审裁定的,有权在裁定书送达之日起十日内向上一级法院提起上诉。二审法院决定开庭审理或书面审理,开庭审理的具体步骤与一审相同。

3.再审程序。

再审程序又称审判监督程序,指人民法院对已经生效的判决、裁定,发现违反法律、法规的规定,依法进行再次审理的程序。

当事人提出再审申请符合下列情形之一的,人民法院应当再审:(1)不予立案或者驳回起诉确有错误的;(2)有新的证据,足以推翻原判决、裁定的;(3)原判决、裁定认定事实的主要证据不足、未经质证或者系伪造的;(4)原判决、裁定适用法律、法规确有错误的;(5)违反法律规定的诉讼程序,可能影响公正审判的;(6)原判决、裁定遗漏诉讼请求的;(7)据以作出原判决、裁定的法律文书被撤销或者变更的;(8)审判人员在审理该案件时有贪污受贿、徇私舞弊、枉法裁判行为的。各级人民法院院长对本院已经发生法律效力的判决、裁定,发现有以上情形之一,或者发现调解违反自愿原则或者调解书内容违法,认为需要再审的,应当提交审判委员会讨论决定。最高人民法院对地方各级人民法院已经发生法律效力的判决、裁定,上级人民法院对下级人民法院已经发生法律效力的判决、裁定,发现有以上情形之一,或者发现调解违反自愿原则或者调解书内容违法的,有权提审或者指令下级人民法院再审。

4.统计行政诉讼程序的一般问题。

(1)撤诉是原告表示或依其行为推定其将已经成立的起诉行为撤销,法院审查后予以同意的诉讼行为。在统计行政诉讼程序中,撤诉包括四种情形:一是原告主动申请撤诉,是否准许由法院裁定;二是被告改变其所作出的统计具体行政行为,原告同意并申请撤诉,是否准许由法院裁定;三是经法院合法传唤,原告无正当理由拒不到庭,或者未经法庭许可中途退庭的,法院可以按照撤诉处理;四是原告或者上诉人未按规定的期限预交案件受理费,又不提交缓交、减交、免交申请,或者提出申请未获批准的,按自动撤诉处理。

(2)缺席判决是在法院开庭审理时,被告经法院合法传唤无正当理由拒不到庭,或者未经法庭许可中途退庭的,法院继续审理并经合议庭合议后作出判决的诉讼活动。

(3)关于诉讼是否停止统计具体行政行为执行的问题。在统计行政诉讼中,统计具体行政行为不停止执行是原则,停止执行是例外。

三、统计行政诉讼的判决、裁定与决定

(一)统计行政诉讼判决。

统计行政诉讼判决是指人民法院在审理程序终结时,针对被诉统计具体行政行为的合法性以及法律效力等实体法律问题所作出的具有法律约束力的意思表示。

1.一审判决。

人民法院审理统计行政诉讼案件,除依法延长期限外,应当在立案之日起六个月内作出一审判决。

2.二审判决。

二审判决又称"终审判决",是人民法院运用第二审程序审理统计行政诉讼案件所作出的判决形式,也包括在审判监督程序中按照第二审程序对统计行政诉讼案件进行再审所作出的判决。二审判决包括维持原判和改判两种形式。

(二)统计行政诉讼裁定。

统计行政诉讼裁定是人民法院在审理统计行政诉讼案件过程中,为解决案件的程序性问题所作出的,对诉讼参与人发生法律效力的司法意思表示。

(三)统计行政诉讼决定。

统计行政诉讼决定是人民法院为了保证统计行政诉讼的顺利进行,对诉讼过程中发生的某些特殊事项做出的判定。

四、统计行政诉讼执行与非诉执行

(一)含义及特征。

统计行政诉讼执行是指人民法院和有执行权的统计行政机关因负有义务的一方当事人逾期拒不履行生效行政判决书、行政裁定书、行政赔偿判决书等确定的义务,依对方当事人申请采取强制措施,使其生效裁判文书所确定的义务得以履行的活动。

非诉执行是指行政相对人在法定期限内不提起行政诉讼,又不履行的,统计行政机关向人民法院提出申请,由法院强制执行使具体行政行为确定的内容得以实现的活动。

(二)统计行政诉讼执行。

作为统计行政诉讼程序的最后环节,统计行政诉讼执行需要以包含可供执行内容的生效法院裁判文书作为依据。统计行政诉讼执行的程序包括:

(1)执行的发动。执行主要因申请人的申请而开始,特殊情况也可以由执行机关依职权移交引起执行程序开始。

（2）执行的审查与受理。执行机关在接到执行申请和移交执行书后，在法定期限内，对申请执行的材料进行审查，并决定是否立案执行。

（3）执行准备。经决定立案执行的，执行机关在实施执行之前，要做好执行前的准备工作和对被执行人财产状况的查明工作。

（4）执行阻却。当在执行过程中出现特定事由，致使行政诉讼执行不能继续或继续进行已无必要时即可实施执行阻却。

（5）执行实施。经过人民法院责令限期履行后，负有履行义务的一方当事人仍拒绝履行，法院运用强制执行措施实现裁判文书所确定的义务内容的过程为执行实施。执行实施后表示行政诉讼执行程序的终结。

（三）统计行政非诉执行。

统计行政机关作出的具体行政行为并非一经作出就具有执行力，要申请人民法院强制执行其作出的具体行政行为，需要具备以下两个条件：一是统计行政相对人在法定期限内不提起行政诉讼；二是统计行政相对人在法定期限内不履行具体行政行为确定的统计法律义务。非诉执行的执行机关是人民法院以及具有执行权的行政机关；执行当事人包括作为执行申请人的统计行政机关和作为被执行人的统计行政相对人。非诉执行程序同样采用阶段式执行程序，即要求强制执行前对义务人进行催告，只有义务人仍拒不履行才发起强制执行程序。所以非诉执行的程序为催告当事人履行、提出执行申请、法院决定是否受理、法院审查与裁定、实施执行。

第六章　主要统计指标填报方法与执法检查要点

第一节　工业总产值

一、工业总产值的概念、填报原则与内容

（一）工业总产值的概念。

工业总产值指工业企业在报告期内生产的以货币形式表现的工业最终产品和提供工业劳务活动的总价值量。与不同时期数据相比较可以反映工业生产总规模的变化趋势和幅度。

（二）工业总产值的填报原则。

1.工业生产的原则。即凡是企业在报告期内生产的最终产品和提供的劳务，均应包括在内。其中的最终产品，不论是否在报告期内销售，只要是报告期内生产的，均应包括在内。凡不是工业生产的产品，均不得计入工业总产值。

2.最终产品的原则。即企业生产的成品价值必须是本企业生产的，经检验合格不需再进行任何加工的最终产品。企业对外销售的半成品也应视为最终产品计入工业总产值。而在本企业内各车间转移的半成品和在制品只能计算其期末期初差额价值。

3.“工厂法”原则。即以法人工业企业作为一个整体计算工业总产值，是其报告期内生产的最终产品和提供劳务的总价值量。

4.“不含税”原则。即企业在计算工业总产值时，其所依据的基础

83

数据应按不含应交增值税(销项税额)的价格来计算。

(三)工业总产值的内容。

工业总产值包括生产的成品价值、对外加工费收入、自制半成品在制品期末期初差额价值。

1.成品价值。指企业在报告期内生产,并在报告期内不再进行加工,经检验合格、包装入库的已经销售和准备销售的全部工业成品(包括半成品)价值合计。成品价值包括企业生产的自制设备及提供给本企业在建工程、其他非工业部门和生活福利部门等单位使用的成品价值,但不包括用订货者来料加工的成品(半成品)价值。

2.对外加工费收入。指企业在报告期内完成的对外承做的工业品加工(包括用订货者来料加工生产)的加工费收入和对外工业品修理作业所收取的加工费收入和对内非工业部门提供的加工修理、设备安装等收入。对外加工费收入按不含应交增值税(销项税额)的价格计算。

3.自制半成品在制品期末期初差额价值。为了使工业总产值与工业中间投入中的物耗价值一致,以便同口径地计算工业增加值,规定本指标的计算原则是:凡是企业会计产品成本核算中计算半成品、在制品成本,则工业总产值中必须包括自制半成品在制品期末期初差额价值。反之则不包括。

二、工业总产值指标填报易错点

(一)工业总产值统计范围理解易错点。

工业总产值不应包含子公司数据,但应包含分公司数据。工业统计调查以法人单位为主体,工业总产值不应包含作为独立法人单位存在的下属子公司数据,但应包含下属非独立法人的分公司(产业活动单位)数据;下属子公司应作为法人单位单独报送工业总产值等统计数据。对于电力、石油、汽车整车制造等特殊行业的产业活动单位,如已申请视同法人单位单独报送统计数据,则其上级法人单位应相应剔除该部分统计数据。

（二）工业总产值概念理解易错点。

不能简单用营业收入代替工业总产值填报。工业总产值的计算依据是工业产品生产总量，只要是报告期内生产的不论是已销售的还是尚未销售的合格产品都要计算工业总产值。而营业收入按照会计准则规定的原则进行计算，以销售实现为依据。两者计算依据不同，不能简单用营业收入代替工业总产值进行填报。

（三）来料加工与自备原材料生产两种生产方式工业总产值计算易错点。

1. 来料加工与自备原材料生产如何认定。区分来料加工与自备原材料生产的依据是加工企业与委托加工企业间的财务结算关系。如果委托企业提供原材料而不与加工企业结算，加工企业收取加工费，产品返回委托企业销售，则这种模式是来料加工；如果委托加工企业提供的原材料与加工企业是结算的，制成品由加工企业返给委托企业也是结算的，则这种模式是自备原材料生产。

2. 来料加工企业工业总产值计算注意事项。凡来料加工，加工企业只收取加工费，则加工企业一律按财务上结算的加工费计算工业总产值，即不包括定货者来料的价值。一般分两种情况：①工业企业之间的来料加工，加工企业（即承包单位）按财务上结算的加工费计算工业总产值；委托加工的企业（即发包单位）按全价计算工业总产值。②工业企业与非工业企业之间的来料加工，当工业企业作为加工企业时一律按加工费计算工业总产值。

3. 自备原材料生产企业工业总产值计算注意事项。凡自备原材料（包括自备零部件）生产，不论其加工繁简程度如何，一律按全价，即包括自备原材料的价值，计算工业总产值。

例：情况1：某企业A自备了手机生产各相关零配件后，委托企业B进行加工生产，B生产后返回A，A支付给B加工费，A进行对外销售。则A按全价计算工业总产值，B按财务上结算的加工费计算工业总产值。

情况 2：某企业 A 自备了手机生产各相关零配件后，将其售卖给 B 并进行了财务结算，B 进行加工生产后将制成品返给 A 并进行了财务结算，A 进行对外销售。则 A 不填报这部分制成品的工业总产值，B 按结算的全价计算这部分制成品的工业总产值。

（四）计算工业总产值时使用的价格选取易错点。

1. 工业总产值按现行不含应交增值税价格计算。成品价值按成品实物量乘以报告期不含应交增值税（销项税额）的产品实际销售平均单价计算。会计核算中按成本价格转账的自制设备和自产自用的成品，按成本价格计算成品价值。

例：某机床厂生产 10 台数控机床，平均不含税出售单价为 100 万元/台，而实际向购买方收取的是含 17% 应交增值税（销项税额）价格，即 117 万元/台，该厂工业总产值正确计算公式为 = 10 * 100 万元 = 1000 万元，不应按 117 万元的含税价格计算产值。

2. 未定价产品价格如何认定。企业生产的尚未销售的新产品还没有销售价格，在计算工业总产值时可以参照市场同类产品价格，如果市场同类产品无销售，可使用企业拟定的市场销售价格。

3. 企业生产产品种类和规格繁多，不同产品价格差别较大，如何准确填报工业总产值。尽量使用详细的产品生产数量和价格计算工业总产值，得到准确的产值数据。产品种类、规格过多，难以取得详细价格信息时，可以按类别合并计算工业总产值，即将相同类别产品作为一类计算平均单价，通过这些产品报告期的销售总金额/销售总量得到产品平均单价，乘以报告期产量得到工业总产值。需要注意的是，需要保证所使用的产品平均价格和产品产量数据对应，按类别合并的产品价格差异不能过大。

（五）特殊情况处理。

1. 对外加工费收入出现跨报告期支付情况处理方式。对于以对外加工生产为主,对外加工费收入所占比重较大的企业,如果对外加工费收入出现跨报告期支付的情况,为保证总产值生产口径计算的准确性,则应将对外加工费收入按实际情况调整,记录本报告期应实际收取的对外加工费收入。

2.部分大型专用设备制造生产周期较长,往往超过一年,如何计算工业总产值。生产周期较长的产品,报告期内还未完工的,按在制品产值的期末期初差额计算工业总产值。在制品产值根据企业财务科目填报。如缺少财务核算记录,可以按照实际完成量或生产产品已用时间和总时间的比例依据合同额进行核定。但需注意的是,产量应以截至报告期最后一天检验合格并办理了入库手续的产品产量为准纳入当期统计。

3.自制半成品、在制品期末期初差额为负值处理方式。自制半成品在制品期末期初差额价值等于自制半成品在制品期末价值减去期初价值后的余额,如果期末价值小于期初价值,该指标为负值,企业在计算产值时,应按负值计算,不能作为零处理。

4.自制半成品、在制品期末期初差额应根据会计产品成本核算实际情况决定是否计入工业总产值。自制半成品、在制品期末期初差额价值,原则上应计入工业总产值,但如果会计产品成本核算中不计算自制半成品、在制品成本,则不计入工业总产值;如果会计产品成本核算中计算自制半成品、在制品成本的,则计入工业总产值。

5.工业企业的安装、调试是否计入工业总产值,需区别对待。若工业企业属于金属制品、机械和设备修理业,其产生的收入计入工业总产值。其他行业的工业企业,若同时从事产品生产、安装和调试活动,仅产品生产价值计入工业总产值,安装、调试收入不能计入工业总产值。对于合同仅约定设备及安装的全部价款,未约定产品价格的情况,企业无法剥离出企业生产产品的价值时,可以使用本企业同类产品的市场销售价格替代、扣除安装费用等方式计算产品产值。若还是不能获取生产产品销售价格,无法计算产品生产价值,可根据财务报表核算出不含安装、调试费用的工业产品成本价格用于计算产值。不从事产品生产只从事安装、调试活动的企业，不属于工业企业，安装、调试收入不计入工业总产值。

6.企业自行生产产品后以租赁的方式收取租金收入，如何计算工业总产值。企业自行生产产品后以租赁的方式收取租金收入，如果产品为工业企业自备原材料生产的，产品无论是以销售还是以租赁方式提供给买家，都应按照平均销售价格计算工业总产值。在计算工业总产值时，可以使用本企业销售的同类产品的平均销售价格；如果无平均销售价格，可以参考同类商品的市场价格。如以租赁方式计入工业总产值时，只在第一次租赁时计入，不能重复多次计算。

7.企业外购商品与自己生产的产品混配后出售，如何计算工业总产值。企业外购商品与自己生产的产品混配后出售，如外购商品经过加工成为新的工业产品的，则按所生产的新的工业产品（最终产品）价值计算工业总产值；外购的商品不经加工就售出的，则不计入工业总产值。

例：情况1：某企业外购棉花，一部分加工为服装，一部分对外直接销售。则企业购进并直接对外销售的棉花不算工业总产值。

情况2：某企业外购棉花，由加工车间生产为棉布，然后将生产后的棉布一部分运到另一个车间去生产衣服，一部分直接对外销售。则企业加工车间生产的棉布作为中间产品不能计算工业总产值，企业内部不允许重复计算；对外直接销售的半成品部分棉布视为最终产品计算工业总产值。

8.投产前和投产后的自制设备是否计入工业总产值。投产前本企业自制的设备，不是在本期生产，不能计入本期工业总产值。企业投产后本期自制设备应当计入本期工业总产值。

三、工业总产值指标执法检查要点

（一）执法检查主要内容。

1.检查被检查单位报送主体的合法性。包括：被检查单位基本情况是否属实，是否真实存在，组织机构代码、企业名称及企业类型是否准确，企业填报的专业报表类别是否正确，被检查单位是否符合名录库管理规定。

2.检查被检查单位报出的统计数据是否正确。主要检查联网直报平台上的报送数与相关财务账、财务报表、产值计算表、统计台账是否一致，是否做到数出有据、账实相符。

3.检查被检查单位出现问题的原因。一是检查被检查单位统计基础工作是否符合《统计法》及其实施条例相关要求，是否为履行法定统计资料报送义务提供相关组织、人员和工作条件保障；是否依法设置原始记录、统计台账；统计人员是否按要求参加统计培训，是否因不了解统计制度导致数据失实。二是检查是否存在主观故意的弄虚作假行为，如通过虚假统计资料骗取荣誉、物质利益或职务晋升等。三是检查是否被有关部门或单位违法干预，如存在代填代报、指令报送等违法行为。

（二）被检查单位相关准备工作。

1.相关人员须在场配合检查。包括：法定代表人或委托代理人、统计负责人、统计人员、财务人员、生产销售人员等在场配合检查，这里需要说明的是检查工业总产值指标，需要成本会计在场配合检查，成本会计熟悉成本核算，能够更加清楚地说明在制品、半成品成本核算过程以及平均销售单价的计算依据，便于执法检查的顺利高效完成。

2.现场检查需提供的资料。包括：（1）带统计防伪标识的财务状况（B103表）、财务状况（B203表）、工业产销总值及主要产品产量（B204—1表）；（2）单位公章、法人章；（3）营业执照或营业执照（副本）复印件；（4）法人不能在场接受检查时，需提供授权委托书；（5）财务报表、财务明细账、财务凭证等财务资料;(6)工业总产值统计台账、出入库单、产值计算表;(7)检查人员要求的其他相关资料。

(三)检查工业总产值注意事项。

1.执法检查人员的注意事项。一是要严格按照执法流程操作,及时出示执法证件,并按照先查看现场再开展执法检查的顺序进行检查。二是要验看被检查单位的营业执照和被检查人员的身份证等证件。三是要通过询问了解被检查单位的基本情况,是否为独立法人单位,有无分支机构或在外地的分厂,有无工业加工行为。四是要了解被检查单位的生产流程,有无委托加工,委托是否符合工业生产原则。此外,还要通过询问生产工艺流程来判断哪些是成品,哪些是半成品,判断被检查单位陈述的所谓成品是否符合最终产品原则。

2.被检查单位的注意事项。一是要积极配合执法检查,《统计法》和《统计法实施条例》规定,拒绝、阻碍统计执法检查严重影响相关工作正常开展的属于严重的统计违法行为。执法人员执法过程中会出示执法证,对不出示执法证的被检查单位有权拒绝接受执法检查。提供资料过程中,能提供原件的尽量先提供原件。二是要如实说明,如实说明既是统计法规定的义务也是对被检查单位的保护。三是要认真查找错误的原因。遇到检查数与上报数不一致时,既不能遮遮掩掩回避矛盾,更不能提供虚假资料应对检查,提供虚假资料只会把问题扩大,被检查单位应本着实事求是的精神,及时查找原因并改正错误避免再次犯错。四是要按要求在检查结果上签字。执法检查结束后,认真查看有关笔录,再次核对单位信息、上报数据和检查结果,由法人或者授权委托人在检查结果上签字确认。

(四)计算和取证。

1.分类计算法检查工业总产值。

计算原则:工业总产值包含成品价值(对外销售半成品价值)、对外加工费收入、在制品半成品期末期初差额价值三部分。分类计算法就是分别对这三部分进行取证并计算,最后汇总计算出工业总产值。

工业总产值＝成品价值＋对外加工费收入＋在制品半成品期末期初差额价值。

分类法详解：

(1)成品产值的计算和取证。

成品产值＝成品数量×产品实际销售平均单价(不含税)

自制设备(自产自用)的成品产值＝成品数量×成本价格

分品种计算的成品价值＝Σi(i 成品数量 * i 成品实际平均销售单价)

①成品数量的取证依据：

分品种核算的产成品数量的取证途径：一是取自"库存商品明细账"中的"数量"－借方本年累计；二是取自汇总的入库单中的数量。

②平均销售单价(不含税)取证依据：

方法 1：A 产品的平均销售单价＝A 产品某月销售收入明细账中的贷方合计数/A 产品某月的销售数量

方法 2：A 产品的平均销售单价＝A 产品某月全部销售发票中的不含税金额合计/A 产品某月发票中全部销售数量合计

方法 3：A 产品的出库单中的销售收入合计/A 产品的出库单中销售数量合计(注：只有在被检查单位出库单中的金额是实际不含税销售收入时采用)

注意：上述取证和计算依据均应以统计制度为准则，在辨别财务账或凭证内容和含义的基础上加以取舍，不应照搬照抄进行取证和计算。如"库存商品"科目中除了包含成品外，可能还包含购进后直接售出的原材料。此时就不应简单取借方"数量"作为成品的数量。尤其注意计算成品数量或平均销售单价时都不应包括委托者来料加工的成品、半成品价值和购进后直接转卖的成品价值。

计算平均销售单价时，原则上采用当期该品种的实际销售平均单价，如当期没有发生销售，可以采用上一期数据计算。销售收入科目中的品种分类和库存商品明细账中的品种分类可能存在不一致，注意在计算平均销售单价时要根据实际情况分类计算。

（2）对外加工费收入的计算和取证。

对外加工费收入＝对外加工产品（修理）按不含税的实际收入计算；对内非工业部门加工（修理）按成本价格计算收入

取证依据：主营业务收入－对外加工收入科目贷方；其他业务收入－对外加工收入贷方；对外加工合同中的金额；对外修理收入明细账等。

（3）在制品半成品期末期初差额的计算和取证。

计算原则：核算在制品、半成品价值的被检查单位需计算在制品、半成品期末期初差额，财务不核算在制品、半成品价值成本的无需计算期末期初差额价值。

在制品、半成品期末期初差额价值＝在制品、半成品期末余额－期初余额

取证依据：在制品、半成品科目、生产成本科目等。

2. 工业总产值台账法验证计算和取证。

实践中当发现被检查单位统计基础工作规范、工业总产值台账口径无误、计算方法符合制度要求的前提下，可采用验证某个产品或某一时间段工业总产值的方式取证，经验证确定无误后以被检查单位提供的工业总产值统计台账中的合计数作为工业总产值计算和取证材料。

验证方法：通过入库单或明细账中的"数量"验证产成品数量，通过出库单、销售发票、销售收入明细账计算平均销售单价来验证台账中的平均销售单价是否正确。

验证要求：验证和计算过程要在现场笔录中详细记录。验证的某一类产品数量和平均销售单价的相关资料要附在案卷中待查。

第二节　本年完成投资

一、本年完成投资的概念、填报原则与内容

（一）本年完成投资的概念。

本年完成投资，指从本年 1 月 1 日起至报告期完成的全部投

资额。

本年完成投资是反映本年的实际投资规模、计算有关投资效果、进行国民经济核算和经济分析的重要指标。

(二)本年完成投资的填报原则。

1.投资额应依据凭证规范填报,按照凭证取得时点作为计量时点。以工程结算单或进度单为依据的,按照三方签章中最后一方签章时间为计量时点;以会计科目为计量依据的,按照入账时间为计量时点;以支付凭证为依据的,按照开票日期为计量时点。

2.入库前投资额的填报方法,入库当年的投资额计入"本年完成投资";入库之前年度的投资额中除其他费用可计入"本年完成投资"外,建安工程等投资额不得计入"本年完成投资",只计入"自开始建设累计完成投资"。

3.按会计科目或支付凭证为依据报送的项目,竣工投产后,项目质保金和尾款可一次性纳入。

(三)本年完成投资的内容。

本年完成投资包括实际完成的建筑安装工程价值,设备、工具、器具的购置费以及实际发生的其他费用。

1.建筑工程:指各种房屋、建筑物的建造工程。这部分投资额必须兴工动料,通过施工活动才能实现。建筑工程包括:

(1)各种房屋如厂房、仓库、办公室、住宅、商店、学校、医院、俱乐部、食堂、招待所。包括:房屋的土建工程;列入房屋工程预算内的暖气、卫生、通风、照明、煤气等设备的价值及装设油饰工程;列入建筑工程预算内的各种管道(如蒸汽、压缩空气、石油、给排水等管道)、电力、电讯电缆导线等的敷设工程。

(2)设备基础、支柱、操作平台、梯子、烟囱、凉水塔、水池、灰塔等建筑工程;炼焦炉、裂解炉、蒸汽炉等各种窑炉的砌筑工程及金属结构工程。

(3)为施工而进行的建筑场地的布置、工程地质勘探,原有建筑物和障碍物的拆除，平整场地、施工临时用水、电、汽、道路工程，以及完工后建筑场地的清理、环境绿化美化工作等。

（4）矿井的开凿，井巷掘进延伸，露天矿的剥离，石油、天然气钻井工程和铁路、公路、港口、桥梁等工程。

（5）水利工程，如水库、堤坝、灌溉以及河道整治等工程。

（6）防空、地下建筑等特殊工程及其他建筑工程。

2.安装工程：指各种设备、装置的安装工程。安装工程包括：

（1）生产、动力、起重、运输、传动和医疗、实验等各种需要安装设备的装配和安装，与设备相连的工作台、梯子、栏杆等装设工程，附属于被安装设备的管线敷设工程，被安装设备的绝缘、防腐、保温、油漆等工作。

（2）为测定安装工程质量，对单个设备、系统设备进行单机试运、系统联动无负荷试运工作（投料试运工作不包括在内）。

（3）在安装工程中，不包括被安装设备本身价值。

3.设备工器具购置：指报告期内购置或自制的，达到固定资产标准的设备、工具、器具的价值。

（1）设备：指各种生产设备、传导设备、动力设备、运输设备等。分为需要安装的设备和不需要安装的设备两种。

需要安装的设备（简称"需安设备"）：是指必须将其整体或几个部位装配起来，安装在基础上或建筑物支架上才能使用的设备。如轧钢机、发电机、蒸汽锅炉、变压器、塔、换热器、各种泵、机床等。有的设备虽不要基础，但必须进行组装工作，并在一定范围内使用，如生产用电铲、塔吊、门吊、皮带运输机等也作为需要安装的设备统计。

不需要安装的设备（简称"不需安设备"）：指不必固定在一定位置或支架上就可以使用的各种设备，如电焊机、叉车、汽车、机车、飞机、船舶以及生产上流动使用的空压机、泵等。

（2）工具、器具：指具有独立用途的各种生产用具、工作工具和仪器。如生产和维修用的切削工具、压延工具、铆焊工具、模压器、铸型、风镐等,检验、实验测量用的各种计量、分析、化验仪器,以及达到固定资产标准的包装容器等。

4.其他费用:指在项目建设过程中发生的,除建筑安装工程和设备、工器具购置投资完成额以外的费用,不指经营中财务上的其他费用。

表 6.1　投资项目主要指标填报依据一览表

指标名称	填报依据	注意事项及报送要求
(1)建筑工程、安装工程	①工程结算单或进度单(三方签字盖章) ②会计科目或支付凭证,主要对应会计科目为:在建工程—建筑安装工程	①调查单位可在两类中择一作为填报项目建筑工程、安装工程投资的依据,并在该项目期间保持一致。 ②项目开工后报送建筑安装工程投资。依据会计科目填报的,项目竣工投产后,会计科目中将质保金和尾款计入在建工程,则可一次性计入投资额。 ③工程结算单或进度单标准格式:三方签字盖章的进度工程结算单或进度单,按照建设方认定的工程完成量填报投资额。在统计部门核查数据时,提供结算单或进度单的同时,应附工程计价明细表、相关合同和可佐证项目施工的财务资料。 ④依据会计科目填报的,数据核查时,在财务软件导出的相关账目中标出所取数据,明确数据汇总过程并盖章确认。 ⑤依据支付凭证填报的,数据核查时,应将凭证分类汇总。银行承兑汇票不作为支付凭证,银行回单需体现与项目有关的信息,发票需可验证。

续表

指标名称	填报依据	注意事项及报送要求
(2)设备工器具购置	会计科目或支付凭证,根据明细科目本年借方累计或相关会计分录借方发生额加总填报。 主要对应会计科目为:在建工程—在安装设备(需安装设备);固定资产下二级科目(不需安装设备)	①依据会计科目填报的,购置完成后,会计科目中将质保金和尾款计入固定资产,则可一次性计入投资额。数据核查时,在财务软件导出的相关账目中标出所取数据,明确数据汇总过程并盖章确认。
(3)其他费用	会计科目或支付凭证,根据明细科目本年借方累计或相关会计分录借方发生额加总填报。 主要对应会计科目为:在建工程—待摊支出;无形资产—土地使用权等	②依据支付凭证填报的,数据核查时,应将凭证分类汇总。银行承兑汇票不作为支付凭证,银行回单需体现与项目有关的信息,发票需可验证。 ③项目完工时,设备应到位或安装完毕。
其中:建设用地费	会计科目或支付凭证。根据明细科目本年借方累计填报。 对应会计科目为:无形资产—土地使用权	建设用地费在项目入库纳统时计入本年完成投资。

二、本年完成投资指标填报易错点

(一)本年完成投资统计范围理解易错点。

本年完成投资统计范围不包括:

1. 不属于固定资产的内容。

(1)流动资产。无论是否与固定资产投资项目相关,均不能纳入固定资产投资统计范围。

(2)消耗品,如办公耗材(低值易耗品)等。

(3)投资品,如股票(或股权)、期货、金融衍生产品、古玩字画、文艺作品等。

(4)消耗性生物资产,如农作物、花卉、存栏待售的牲畜(非种畜、役畜)等。

（5）发放给农户的货币补贴，如美丽乡村、新农村建设等项目中的补贴。

（6）投资统计制度规定的其他不应纳入投资统计范围的内容。

2.相关支出在会计上作为成本费用处理的建设活动。

一般包括大修理、养护、维护性质的工程，如设备维修、建筑物翻修和加固、单纯装饰装修、农田水利工程（堤防、水库）维修、铁路大修、道路日常养护、景观维护等。这类建设活动未替换原有的固定资产，也没有增加新的固定资产，属于生产范畴，不属于投资活动。

3.会造成重复统计的内容。

一般包括单纯购置的旧建筑物和旧设备、临时性租赁租入（融资租赁除外）的固定资产、单位购置的商品房（包括主管部门购置商品房转换为保障性住房）、单纯土地平整、土地一级开发、围海造地等。这类建设项目虽然符合固定资产投资属性，但由于其相关支出已经在前期统计或将在后期建设时进行统计，为避免重复统计，上述内容不纳入固定资产投资统计范围。

表6.2　固定资产投资项目纳统情况一览表

常见类别	是否能纳入固定资产投资统计范围
厂房、仓库、办公室、住宅、商店、学校、医院、俱乐部、食堂、招待所等房屋建设支出	√
生产、动力、起重、运输、传动和医疗等设备的安装和调试费用	√
各种生产设备、传导设备、动力设备、运输设备、生产工具、仪器仪表等的购置支出以及在项目建设内容中用于支持设备运转的软件系统购置支出	√
项目管理人员的工资、贷款利息支出等	√
项目可研费、勘察设计费、工程监理费、招标费、环评费等前期费用	√
项目所属的专利权、采矿权支出、项目建设期利息支出	√
项目建设用地费用（不含土地收储）	√
原有固定资产改扩建，如4车道扩为6车道或低等级道路升级为高等级公路	√
种畜、役畜和各种经济林木购置支出	√
防风固沙林、水土保持林和水源涵养林	√

续表

常见类别	是否能纳入固定资产投资统计范围
新建城市绿化或道路绿化项目中购置的苗木	√
单纯土地平整、土地一级开发、围海造地等支出	×
流动资产	×
办公耗材等低值易耗品	×
股票(或股权)、期货、金融衍生产品、古玩字画、艺术品等投资品	×
农作物、蔬菜、中药材、花卉、存栏待售的牲畜等消耗性生物资产	×
发放给农户的货币补贴	×
设备大修理、道路等基础设施养护维护工程、房屋建筑业维修工程、社区环境微改造工程	×
单纯购置旧建筑物和旧设备	×
经营租赁的固定资产的租金支出	×
单位购置商品房支出	×

(二)部分领域固定资产投资特殊性。

电信、电力、燃气、市政、通信、交通、教育、农业、卫生、水利等领域,存在一个建设项目包括多个建设内容相同、涉及多个行政区域项目的情况,在实际工作中,应遵循不重不漏的原则进行报送。

1.依据发改等行业主管部门的批复、核准、备案文件(投资项目在线监管平台登记信息)或规划文件填报,一个文件只能作为一个投资项目的报送依据,由立项单位负责统计。

2.不得人为合并项目报送。有单独批复、核准、备案或规划文件但未达到500万元标准的投资项目,不能与其他项目合并纳入500万元以上固定资产投资项目统计。

(三)特殊情况的处理。

1.建筑安装工程投资额特殊情况处理。

建筑安装工程投资额一般按预算价格计算。实行招标的工程,按中标价格计算。凡经建设单位与施工单位双方协商同意的工程价差、量差,且经建设单位同意拨款的,应视同修改预算价格。建筑安装工应按修改后的预算价格计算投资完成额。对于某些工程已进入施工但施工预算尚未编出的,统计报表可根据工程进度先按设计概算或套用相同的结构、类型工程的预算综合价格计算,待预算编出后再进行调整。建设单位议价购料供应给施工单位,材料价差部分未转给施工单位的,建设单位应将这部分价差包括在建筑安装工程投资中。

2.设备工器具购置特殊情况处理。

以融资租赁方式购置的设备,租金支出应纳入固定资产投资,由承租人填报,出租人不得填报。以经营租赁方式购置的设备,租金支出不应纳入固定资产投资统计。

外购设备、工具、器具除设备本身的价格外,还应包括运杂费、仓库保管费、购买支持设备运行的软件系统的费用等,但不包括软件系统的后续技术服务费。自制的设备、工具、器具,按实际发生的全部支出计算。

3.其他费用特殊情况处理。

(1)用于项目建设的贷款的利息支出,在项目建设期应纳入统计,项目建成投产后不应纳入。其他费用的价格一般按财务部门实际支付的金额计算。

(2)项目前期费用(如设计勘察费、土地购置费等)在项目正式开工动土时计入投资。

(3)国内贷款利息按报告期实际支付的利息计算投资完成额,并作为增加固定资产的费用处理。利用国外资金或国家自有外汇购置的国外设备、工具、器具、材料以及支付的各种费用,按实际结算价格折合人民币计算。

(4)其他费用的分摊问题。若多个项目统一征地拆迁,土地费用按照项目实际用地面积占比分摊,不得重复报送;若一笔贷款用于多个项目建设,且无法区分每个项目实际使用贷款数额,则利息支出按项目工程进度占比分摊。

三、本年完成投资指标执法检查要点

（一）执法检查主要内容。

1.检查固定资产项目是否真实存在。应依据发改等行业主管部门的批复、核准、备案文件（投资项目在线监管平台登记信息）或规划文件确定固定资产投资项目,按照项目在地原则进行统计,现场核实固定资产投资项目是否真实存在。

2.检查项目单位报送的统计数据是否正确。明确项目单位统计填报方法,依据项目单位填报方法,按照固定资产投资统计报表制度规定计算本年完成投资统计数据,核查项目单位统计数据是否真实准确。

3.检查项目单位出现问题的原因。一是检查项目单位是否因自身原因提供不真实统计资料,是否因不了解统计制度规定的计算方法导致数据失实。二是检查是否存在被有关单位或个人违法干预,如存在代填代报、指令报送等违法行为。

（二）被检查项目单位相关准备工作。

1.相关人员。包括:法定代表人或委托代理人、统计人员、财务人员、工程部（项目部）人员等需在场配合检查。

2.相关材料。包括:立项（批复、备案）文件、建筑工程总（分）包合同、协议、工程概（预）算书、工程取费表、工程量清单计价表、工程监理月报、工程三方（建筑方、施工方、监理方）签字盖章的工程结算单或进度单、工程款支付证书（申请表）、监理单位出具的工程进度情况说明、其他能够反映工程概（预）算及进度的凭证、建筑工程施工许可证、建设工程规划许可证、建筑工程施工图纸、竣工验收备案表、单位工程验收记录、设备安装合同或设备安装记录、设备购置合同（发票）、在建工程明细账、待摊投资明细账、固定资产明细账等与建设项目有关的财务明细账以及其他与固定资产投资相关材料。

（三）检查本年完成投资注意事项。

1.执法检查人员的注意事项。一是执法人员应当先赴项目施工现

场了解情况。现场走访是固定资产投资检查的一项重要环节,可以确认投资项目是否真实存在以及确定重点检查的问题。二是务必辨别备查资料的真伪。可以采用多种手段辨别资料的真伪,在日常工作中应多了解相关工程造价、工程流程、财务、发票等知识。三是要集中精力追问关键信息。对已经掌握的问题线索进行深入了解,形成完整的证据链,避免被迷惑甚至误导。

2.执法检查对象的注意事项。一是遵纪守法,配合执法检查,被检查单位应按要求提供有关备查资料,有关人员按时到场配合执法检查,做到"人在、资料在、公章在",同时被检查单位不得向执法检查人员提供礼品、礼金或有价证券等财物。二是如实说明有关情况,对于执法检查人员提出的问题,应如实回答,不遮掩,不回避,积极配合,切不可抱侥幸心理,统一口径,相互推诿扯皮等对抗执法检查行为。三是提供真实、准确、完整的备查资料,不得提供虚假资料,无关人员不得冒充被查单位人员出现在检查现场应对检查,被查单位切实做到"真人、真账、真资料"。

(四)计算和取证。

本年完成投资=建筑安装工程+设备工器具购置+其他费用

1.建筑安装工程。

①选择填报依据工程结算单或进度单:工程三方(建设方、施工方、监理方)签字盖章的工程结算单或进度单

②选择填报依据会计科目或支付凭证:科目余额表、会计账、支付凭证,会计科目为:在建工程-建筑安装工程。

2.设备工器具购置。

依据会计科目或相关支付凭证填报:

①提供会计账目的,对应科目为在建工程—在安装设备(需要安装)及固定资产下相关科目(不需要安装)的本年借方累计发生额或相关会计分录借方发生额加总填报,提供明细账的应注明取数科目及数据加总过程,加盖单位公章。

②提供相关支付凭证的,应将凭证分类汇总,并按照时间排列。有多项设备购置的,需提供设备购置明细清单。

3.其他费用。

依据财务部门实际支付的金额计算。

①提供会计账目的,对应科目为在建工程—待摊支出、无形资产—土地使用权等的借方累计或相关会计分录借方发生额加总填报。提供的明细账应注明取数科目及数据加总过程。

②提供支付凭证的,应将凭证分类汇总。

③银行承兑汇票不作为支付凭证,银行回单需体现与项目有关信息,发票需可验证。

当受查投资项目为虚假项目或不属于投资统计范围时,执法人员可以根据询问笔录、项目现场照片等证据材料取证。

第三节　建筑业总产值

一、建筑业总产值的概念、填报原则与内容

(一)建筑业总产值的概念。

建筑业总产值指以货币表现的建筑业企业在一定时期内生产的建筑业产品和服务的总和。建筑业总产值包括建筑工程产值、安装工程产值和其他产值三部分内容,不包括境外产值。

(二)建筑业总产值的填报原则。

1.法人单位注册地原则。

本报表制度严格执行"法人单位注册地"统计原则,即各法人单位按照实际注册地向所在地政府统计机构报送统计数据;产业活动单位由其归属法人单位进行统计。

2.国土法原则。

根据"国土法"原则,建筑业法人单位报送的建筑业总产值及相关

资料包括本单位(含所属产业活动单位和非法人分公司、项目经理部)在本市和外省完成的部分,但不包括在国外和港、澳、台地区完成的部分。

(三)建筑业总产值的内容。

建筑业总产值＝建筑工程产值＋安装工程产值＋其他产值

1.建筑工程产值指列入建筑工程预算内的各种工程价值,包括:

(1)各种房屋如厂房、仓库、办公室、住宅、商店、学校、医院、俱乐部、食堂、车库、招待所等房屋建筑,按照当前预算制度规定,列入房屋工程预算内的暖气、卫生、通风、照明、煤气等设备价值及其装饰油漆工程,以及列入建筑工程预算内的各种管道(如蒸汽、压缩空气、石油、给排水等管道),电力、电讯电缆导线的敷设等工程。

(2)设备基础、支柱、操作平台、梯子、烟囱、凉水塔、水池、灰塔等建筑工程、炼焦炉、裂解炉、蒸汽炉等各种窑炉的砌筑工程及金属结构工程。

(3)为施工而进行的建筑场地的布置,工程地质勘探,原有建筑物和障碍物的拆除及平整土地,施工临时用水、电、汽、道路工程,以及完工后建筑场地的清理,环境绿化工作等。

(4)矿井的开凿、井巷掘进延伸、露天矿的剥离、石油、天然气钻井工程和铁路、公路、港口、桥梁等工程。

(5)水利工程,如水库、堤坝、灌渠以及河道整治等工程。

(6)防空、地下建筑等特殊工程。

(7)装饰装修工程。

2.安装工程产值指设备安装工程价值以及将预制部品部件安装成建筑工程产品的价值。包括:

(1)生产、动力、起重、运输、传动和医疗、实验等各种需要安装设备的装配和安装与设备相连的工作台、梯子、栏杆等装设工程,附属于被安装设备的管线敷设工程、被安装设备的绝缘、防腐、保温、油漆等工作。

（2）为测定安装工作质量，对单个设备、系统设备进行单机试运和系统联动无负荷试运工作。

（3）按照项目设计要求，将预制部品部件按照建筑设计要求安装成建筑工程产品等工作。

在设备安装产值中，不得包括被安装设备、被安装部品部件本身价值。

3.其他产值指建筑业总产值中除建筑工程、安装工程以外的产值。包括房屋构筑物修理产值、非标准设备制造产值、总包企业向分包企业收取的管理费以及不能明确划分的施工活动所完成的产值。房屋构筑物修理产值是指房屋和构筑物的修理所完成的产值，但不包括被修理房屋、构筑物本身价值和生产设备的修理价值。非标准设备制造产值是指加工制造没有定型的非标准生产设备的加工费和原材料价值（如化工厂、炼油厂用的各种罐、槽，矿井生产统一使用的各种漏斗、三角槽、阀门等）以及附属加工厂为本企业承建工程制作的非标准设备的价值。

二、建筑业总产值指标填报易错点

1.重复统计。

分包给其他法人建筑公司，由其他法人建筑公司填报此部分建筑业总产值。如果分包给其他非法人建筑单位，这部分产值应当包括在发包企业上报的建筑业总产值中。

2.工程结算收入与建筑业总产值。

原因一是口径不同，建筑业总产值是实际完成工作量的价值表现，工程结算收入是实际收到的工程结算价款；二是内容不同，建筑业总产值是报告期内完成的实际工作量，工程结算收入是报告期内确认的任意时期的结算款项。

3.其他产值。

其他产值包括房屋构筑物修理产值，但不包括被修理房屋、构筑物本身价值和生产设备的修理价值;其他产值中的非标准设备制造产值,强调的是用于工程,包括非标准设备的加工费和原材料价值两部分。在施工现场预制的构件和金属结构件,制作完成后即可计算构件制作部分的价值,待安装构成工程实体后,再计算安装费用。由外单位购入的构件(如混凝土构件、金属结构件、门窗等)必须待安装完毕后,构成了工程实体时才能计算构件本身价值和安装费用。

三、建筑业总产值指标执法检查要点

(一)执法检查主要内容。

1.确定建筑业总产值计算方法。

检查建筑业总产值指标,首先必须对被查单位计算建筑业总产值的方法进行检查。询问被查单位如何计算建筑业总产值,是否符合"自行完成的施工产值、以工程预(概)算为依据、按工程进度计算"这三个要点。

2.取得相关工程资料并计算。

因为建筑产品绝大部分在报告期是以半成品的形式存在,当检查时已经过了报告期,能见到的实物产品与报告期内建筑企业上报的工程进度存在很大差异,所以不能用看到的实际建筑与工程进度对比,而要取得能够反映工程施工进度,计算工程工作量的基础原始凭证。

3.利用指标间的逻辑关系进行验证。

通过指标间的逻辑审核关系,全面查找和验证总产值数据的真实准确性。主要包括以下公式:

建筑业总产值＝自行完成施工产值＋从建设单位以外承揽工程完成的产值

建筑业总产值≥装修装饰产值

建筑业总产值≥在外省完成的产值

建筑业总产值＝建筑工程产值＋安装产值＋其他产值

企业总产值≥建筑业总产值

（二）被检查单位相关准备工作。

1.检查准备。建筑业总产值数据检查依赖于建设单位基础资料的丰富程度，建设单位需要项目负责人、统计人员、财务人员等熟悉建设情况的人员按时到场配合检查，并且及时全面准备资料。

2.检查现场需提供的资料。包括：建设项目的计划或立项报告，建筑工程总（分）包合同、协议，工程概（预）算书、产值计算表，施工进度单和分部、分项工程记录，取费表、工程量计价清单、工程进度款报审表，建筑工程施工许可证、建设工程规划许可证，竣工验收备案表、单项工程验收记录，与建设项目有关的财务明细账，项目单位营业执照、公章、法定代表人身份证复印件等。

（三）检查建筑业总产值注意事项。

1.执法检查人员注意事项。检查人员应当提前了解建设单位建筑业总产值填报情况，分析建筑业生产经营情况统计报表数据，通过数据对建设情况进行研判，初步确定执法检查的重点。

2.执法检查对象注意事项。在询问过程中必须明确本单位计算建筑业总产值的计算方法，全面准确说明公司整体架构、工程建设情况及统计范围，并分类分项提供数据来源相关凭证和资料，避免发生混淆影响检查结果。

（四）计算和取证。

1.根据建设单位准备的能够反映工程施工进度，计算工程工作量的基础原始凭证数据开展检查取证。

（1）建筑、安装工程产值。

建筑工程产值是列入建筑工程预算内的产值，只要是装饰装修工程都应统计在建筑工程产值中。安装工程产值不得包括被安装设备本身价值，以及场外及合同外的运费等相关费用。安装企业负责施工的工程，不一定都是安装工程产值。

方法1：取自施工进度单和分部、分项工程记录，其中的完成工作量即是建筑业总产值。

方法 2：取自工程概预算表，其中的建设工程造价即为全部完工后的建筑业总产值的参考依据。

方法 3：取自施工产值进度完成情况统计台账。施工产值进度完成情况统计台账是由施工进度单和分部、分项工程记录汇总形成的，反映建筑企业全部单位工程产值完成情况的汇总记录，同时也是施工单位和建设单位进行工程结算的重要凭证（只有施工单位向建设单位按时上报工程量后建设单位才有可能与施工单位结算工程款项）。

方法 4：取自施工项目工程监理单。

方法 5：对于当期施工已支付工程款的，可以取自工程结算发票。

（2）其他产值。

一般取自会计资料中相应科目数据。房屋构筑物修理产值取自工程结算发票（收据）或者财务明细账的收入科目。非标准设备制造产值取自会计应收工程款科目。总包企业向分包企业收取的管理费，取自工程结算发票（收据）或者财务明细账的收入科目。不能明确划分的施工活动所完成的产值，取自相应会计科目其他业务收入及支付凭证。

2. 利用建筑业总产值计算方法验证。建筑业总产值是价值指标，而建筑产品的价值即工程造价是通过工程预算来确定的。因此，建筑工程施工产值是根据已完成的工程量乘预算单价为基数，再乘以一定的间接费率来确定的。

基本计算公式如下：

报告期建筑业总产值 $= \sum[$（分部分项完成实物工程量×预算单价）×（1＋间接费率）]×（1＋利润率）×（1＋税率）

由于建筑工程承包方式的多样化，预算定额单价的基价包含内容不尽相同，因此，在计算建筑业总产值时，可按工程实际进度，与工程承包价相结合进行计算。具体计算方法有工料单价法、综合单价法、部位进度法、工序比重法和直接费率法等五种方法。但在企业实际生产核算中，主要使用以下三种方法计算。

（1）方法 1：工料单价法。

将实际完成的分部分项工程乘以预算等额单价汇总成直接工程费,再根据一定比率计算间接费、利润和税金,最后计算出建筑业总产值。

(2)方法2:部位进度法。

对于一些规模较小,管理不规范的中小微型建筑企业,如果没有编制分部分项实物工程量和价值计算表以及取费计算表,可采用部位进度法计算建筑业总产值。计算公式如下:

单位工程完成进度的百分比 $=\sum$(各部位完成进度的百分比×各部位预算价值占单位工程造价的百分比)

建筑安装工程产值 $=\sum$(单位工程完成进度的百分比×单位工程预算造价)

例如:某混合结构的单位工程基础、结构、装饰三部位预算价值占单位工程预算价值的比重分别为13%、60%和27%,该工程总预算造价为50万元,本月底基础工程已完工,并完成结构工程的10%,装修工程尚未开始,则:

单位工程完成进度$=13\%×100\%+60\%×10\%=19\%$

单位工程产值$=50×19\%=9.5$(万元)

填表数$=9.5×10=95$千元

(3)方法3:直接费率法。

将工程合同总价除以直接费得出综合取费率,然后按实际完成工程量及相应单价计算出直接费,再乘以综合取费率得出建筑业总产值。其计算公式为:

综合取费率$=$(总造价/直接费)$×100\%$

报告期完成建筑业总产值 $=\sum$(分部分项完成实物工程量×预算单价)×综合取费率

第四节　商品销售额

一、商品销售额的概念、填报原则与内容

（一）商品销售额的概念。

商品销售额指对本单位以外的单位和个人出售的商品金额（含增值税），以及出售给本单位且开具增值税发票的商品金额。在批发和零售业中，本指标反映在国内销售商品以及出口商品的总价。

（二）商品销售额的填报原则。

1.含税原则。商品销售额应包括销售商品时产生的增值税（销项税额）。

2.买卖行为原则。商品销售额的统计对象必须是通过买卖行为付出的商品。未通过买卖行为付出的商品，如因机构变动移交给其他企业单位的商品、借出的商品、归还受其他单位委托代保管的商品、付出的加工原料和赠送给其他单位的样品等，不属于商品销售额的统计对象。

3.商品和货款同步转移原则。单位的商品已经售出、商品所有权已经转移给买方后，以收到货款或取得收取货款凭证确认商品销售额。

4.法人在地原则。以批发和零售业法人单位的主要经营活动所在地作为纳入统计的地区进行填报。对于多产业活动单位的法人企业，商品销售额应包括其所属的全部（含异地）批发和零售业产业活动单位（不含视同法人的产业活动单位）的数据。

（三）商品销售额的内容。

商品销售额包括售给个人和社会集团消费用的商品；售给农业、工业、建筑业、服务业等国民经济各行业用于生产、经营用的商品，包括售给批发和零售业作为转卖或加工后转卖的商品；对国（境）外直接出口的商品。

二、商品销售额指标填报易错点

（一）商品销售额填报口径易错点。

1.批发和零售业法人单位填报商品销售额时不应包括其他行业法人单位的数据。

2.多产业活动单位的批发和零售业法人单位填报商品销售额时仅应包括本法人单位所属的全部批发和零售业产业活动单位的数据，不包括其所属的其他行业产业活动单位的数据。若所属批发和零售业产业活动单位已作为视同法人单位，则该视同法人单位不再属于本法人单位所属的产业活动单位。

（二）商品销售额填报内容易错点。

1.商品销售额不包括未通过买卖行为付出的商品，如因机构变动移交给其他企业单位的商品、借出的商品、归还受其他单位委托代保管的商品、付出的加工原料和赠送给其他单位的样品等。

2.商品销售额不包括促销返券所销售或购货退回等不计入营业收入的商品。

3.商品销售额不包括提供服务所取得的收入，如汽车4S店的汽车维修收入、药店提供坐诊服务的收入、商店出售电话卡的收入等；也不包括销售期货的收入。

4.商品销售额不包括出售本单位自用的废旧物资的收入，如汽车4S店销售试驾车的收入。

5.对于贸易经纪与代理企业，商品销售额不包括经本单位介绍、由买卖双方直接结算而本单位只收取手续费的业务。

（三）商品销售额确认时点易错点。

批发和零售业单位商品已经售出、商品所有权已经转移给买方后，以收到货款或取得收取货款的证据时确认商品销售。对应商品所有权未发生转移的商品预付卡销售，如加油卡、购物卡等，不能在预付卡销售时确认为商品销售额，应在商品所有权发生转移时，根据转移商品的金额进行确认。

1.采取直接收款方式的,在实际收到货款或取得收款的凭证时作为商品销售;采取托收承付和委托银行收款结算方式的,在发出商品并办妥托收手续时作为商品销售;采用分期收款方式的,按合同约定的各分期收款日期作为商品销售;采用预收货款方式的,在商品发出时作为商品销售。

2.自营进口商品销售,企业与境内订货单位签订合同实行货到结算的,在商品到达我国境内港口取得船舶到港通知、企业向订货单位开出结算凭证时作为商品销售;合同规定对境内实行单向结算的,企业凭境外账单向订货单位开出结算凭证时作为商品销售;已先期到达并存放在相应的仓储企业单位保存的进口商品,企业凭出库单向订货单位开出结算凭证后作为商品销售。

3.委托其他单位代销商品,以收到代销单位的销售清单时作为商品销售。在交款提货的情况下,如货款已经收到,只要账单和提货单已经交给买方,不论商品是否发出,都应作为商品销售。

4.出口商品销售,陆路以取得承运货物收据或铁路联运运单、海运以取得出口装船提单、空运以取得运单,并在银行办理了交单作业作为商品销售。预收货款不通过银行交单的,取得以上收据、提单、运单后作为商品销售。出口商品一律以离岸价(FOB)计算商品销售额;如按到岸价(CIF)对外成交的,应扣除商品离境后发生的由我方负担的国外运费、保险费、佣金(不包括不易按商品认定的累计佣金)、银行财务费和对外理赔款等,方可作为商品销售。

(四)商品销售额行业界定易错点。

根据国民经济行业分类,电力、热力、燃气及水供应单位均不属于批发和零售业单位,其提供电、气、水实现的收入均不计入商品销售额;农业、工业、建筑业、其他服务业企业购进商品并直接出售实现的收入,若未通过批发和零售业产业活动单位进行,均不计入商品销售额。

三、商品销售额指标执法检查要点

商品销售额是批发和零售业统计调查中最基础、最重要的一项指标,是核算 GDP 的重要参考依据,也是执法监督检查的重点内容。

(一)执法检查主要内容。

1.检查被检查单位报送主体的合法性。包括:被检查单位是否符合批发和零售业名录库管理规定,单位填报的专业报表类别是否正确。

2.检查统计数据的真实性。主要检查联网直报平台上的报送数与相关业务管理系统财务账、财务报表、原始凭证、统计台账是否一致,是否做到数出有据、账实相符。

3.检查被检查单位出现问题的原因。是否存在未严格执行统计调查制度的情况,是否存在主观故意的弄虚作假行为,是否存在被有关部门或单位违法干预情况。

(二)被检查单位相关准备工作。

1.相关人员须在场配合检查。包括:法定代表人或委托代理人、统计负责人、统计人员、财务人员、税务申报人员、生产销售人员等在场配合检查。

2.现场检查需提供的资料。包括:(1)带统计防伪标识的批发和零售业经营情况表,批发和零售业商品销售和库存表;(2)单位公章、法人章;(3)营业执照或营业执照(副本)复印件;(4)法人不能在场接受检查时,需提供授权委托书;(5)财务报表、财务明细账、财务凭证等财务资料;(6)增值税纳税申报表等税务资料;(7)检查人员要求的其他相关资料,如业务管理系统等经营资料。

(三)检查商品销售额注意事项。

1.执法检查人员的注意事项。重点关注是否存在商品销售额与营业收入相等、商品销售额与营业收入严重不匹配(如商品销售额与营业收入的比值过低或过高)等问题。因为财务指标"营业收入"反映企业收入情况,不包含增值税中的销项税;而业务指标"商品销售额"反映企业向市场提供商品的销售总金额,应包含增值税中的销项税。若单位的主要业务活动仅为商品销售(非免税品销售),一般而言商品销售额应大于营业收入;若单位主要业务活动不仅仅包括商品销售,则"营业收入"的核算口径大于"商品销售额"的统计口径,若企业会计账确认的营业收入中可能包括记入应收账款尚未收到货款的部分,此部分不应包含在当期商品销售额中。可能会造成营业收入大于商品销售额。

2.被检查单位的注意事项。一是积极配合执法检查人员,提供真实的材料及原始凭证;二是如实说明情况,对本单位存在的特殊情况向检查组说明,是否存在只开票据而无实质实物交易情况、是否存在未开票销售收入等;三是积极配合检查,按要求在检查结果上签字。

(四)计算和取证。

1.取证资料。单位的财务总账或科目余额表、增值税纳税申报表、经营资料。取自受查单位财务系统、税务系统、业务管理系统或纸质财务资料。

2.对取证资料的验证。通过增值税纳税申报表中按适用税率征税货物及劳务销售额、按简易征收办法征税货物销售额、免抵退办法出口货物销售额、免税货物及劳务销售额这四项之和,及相关经营数据与营业收入数额进行比对。当差距较小或者有合理解释时,认定财务总账或科目余额表真实;当差距较大时,通过财务明细账随机抽取两个月的若干凭证的方法对财务明细账进行验证。

第五节 营业额

一、营业额的概念、填报原则与内容

(一)营业额的概念。

营业额指本单位在经营活动中,因提供服务或销售商品等取得的全部收入(含增值税),收入主要来源于提供客房、餐饮服务、商品销售和其他服务,如商务服务。

(二)营业额的填报原则。

1.含税原则。营业额应包括经营过程中产生的增值税。

2.法人在地原则。以住宿和餐饮业法人单位主要经营活动所在地作为纳入统计的地区进行填报。对于多产业活动单位的法人企业,营业额应包括其所属的全部(含异地)住宿和餐饮业产业活动单位(不含视同法人的产业活动单位)的数据。

(三)营业额的内容。

营业额包括客房收入、餐费收入、商品销售额和其他收入。

客房收入指本单位在经营活动中因提供住宿服务取得的收入(含增值税)。

餐费收入指本单位为顾客提供就餐服务取得的收入(含增值税),包括经烹饪、调制加工后出售的各种食品,如主食、炒菜、凉拌菜等的收入。

商品销售额指对本单位以外的单位和个人出售的商品金额(含增值税),以及出售给本单位且开具增值税发票的商品金额。在住宿和餐饮业中,本指标反映住宿和餐饮业单位出售商品的销售总额(含增值税)。

其他收入指提供客房、餐饮服务、商品销售以外的其他服务获得的收入(含增值税),如商务服务、健身娱乐、租赁服务等。

二、营业额指标填报易错点

(一)营业额填报口径易错点。

多产业活动单位的住宿和餐饮业法人单位填报营业额时仅应包括本法人单位所属的全部住宿和餐饮业产业活动单位的数据,不应包括其所属的其他行业产业活动单位的数据,如娱乐业产业活动单位的餐费收入,批发和零售业产业活动单位的商品销售额。若所属住宿和餐饮业产业活动单位已作为视同法人单位,则该视同法人单位不再属于本法人单位所属的产业活动单位。

(二)营业额填报内容易错点。

(1)不制作餐食、仅提供配送服务的住宿餐饮单位不能将所送餐食的金额计为本单位的营业额。

(2)不制作餐食、仅提供配送服务的住宿餐饮单位实现的配送收入应计入营业额中的其他收入,不能计入餐费收入。

(三)营业额行业界定易错点。

(1)蛋糕店、面包房等前店后厂的单位不属于餐饮业,应为零售业。

(2)不制作餐食,仅为企业、机关团体及学校等部门提供蔬菜肉食等食材的单位不属于餐饮业,应为零售业。

三、营业额指标执法检查要点

营业额是住宿和餐饮业统计调查中最基础、最重要的一项指标,是核算 GDP 的重要参考依据,也是执法监督检查的重点内容。

(一)执法检查主要内容。

1.检查被检查单位报送主体的合法性。包括:被检查单位是否符合住宿和餐饮业名录库管理规定,单位填报的专业报表类别是否正确。

2.检查统计数据的真实性。主要检查联网直报平台上的报送数与相关业务管理系统、财务账、财务报表、原始凭证、统计台账是否一致,是否做到数出有据、账实相符。

3.检查被检查单位出现问题的原因。是否存在未严格执行统计调查制度的情况,是否存在主观故意的弄虚作假行为,是否存在被有关部门或单位违法干预情况。

(二)被检查单位相关准备工作。

1.相关人员须在场配合检查。包括:法定代表人或委托代理人、统计负责人、统计人员、财务人员、生产销售人员等在场配合检查。

2.现场检查需提供的资料。包括:(1)带统计防伪标识的住宿和餐饮业经营情况表;(2)单位公章、法人章;(3)营业执照或营业执照(副本)复印件;(4)法人不能在场接受检查时,需提供授权委托书;(5)财务报表、财务明细账、财务凭证等财务资料;(6)增值税纳税申报表等税务资料;(7)检查人员要求的其他相关资料,如业务管理系统等经营资料。

(三)检查营业额注意事项。

1.执法检查人员的注意事项。重点关注是否存在营业额与营业收入相等、营业额与营业收入严重不匹配(如营业额与营业收入的比值过低或过高)等问题。因为财务指标"营业收入"反映企业收入情况,不包含增值税中的销项税;而业务指标"营业额"反映住宿和餐饮业单位在经营活动中,因提供服务或销售商品等取得的全部收入,应包含增值税中的销项税。若单位主要业务活动仅为住宿餐饮经营活动,一般营业额应大于营业收入;若单位主要业务活动不仅限于住宿餐饮经营活动,则"营业收入"的核算口径大于"营业额"的统计口径,可能会造成营业收入大于营业额。

2.被检查单位的注意事项。一是积极配合执法检查人员,提供真实的材料及原始凭证;二是如实说明情况,每种商品税率情况、分支机构情况等;三是积极配合检查,按要求在检查结果上签字。

(四)计算和取证。

1.取证资料。财务总账或科目余额表,增值税纳税申报表,经营资料是否存在未开票收入。

2.对取证资料的验证:通过增值税纳税申报表中,按适用税率征税货物及劳务销售额、按简易征收办法征税货物销售额、免抵退办法出口货物销售额、免税货物及劳务销售额这四项之和,及相关经营数据与营业收入数额进行比较。差距不大或者有合理解释的情况,认定财务总账或科目余额表真实。差距过大的要通过财务明细账随机抽取两个月的若干凭证的方法对财务明细账进行验证,进而证明财务总账或科目余额表真实。

第六节 营业收入

一、营业收入的概念、填报原则与内容

（一）营业收入的概念。

营业收入指企业从事销售商品、提供劳务和让渡资产使用权等生产经营活动形成的经济利益流入。

（二）营业收入的填报原则。

1. 法人单位统计原则，即法人单位下属的产业活动单位（分支机构、派出机构、分公司、分部、分厂、分店等）数据应合并至法人单位一并填报。调查单位不得"打捆"和重复上报统计数据。视同法人单位与法人单位履行相同的义务，填报法人单位调查表。

2. 经营地在地统计原则，即服务业法人单位按照经营地在地原则进行统计。经营地与注册地在同一行政区域的统计单位，归入该区域的统计范围；经营地与注册地不在同一行政区域的统计单位，应归入经营地所在区域的统计范围；有两处或两处以上经营地的统计单位，归入主要经营地所在区域的统计范围。

3. 统计口径可比原则，即服务业法人单位在正常经营过程中，出现兼并、拆分、重组等情况，应及时修改同期数，保证数据真实可比。

4. 不重复报送原则，即调查单位不能重复报送统计数据。对于同一法人控股的不同单位，报送的数据不可重复；对于只有一个法人单位在库的，按照实际情况报送。同一法人单位只能在一个地区统计，不能在多个地区同时报送统计数据。

（三）营业收入的内容。

企业根据会计《利润表》中"营业收入"项目的本年累计数填报，包括"主营业务收入"和"其他业务收入"，不包括"营业外收入"。部分企业利润表、损益表中无"其他业务收入"，但有"其他业务利润"，若该指

117

标下无细分科目,可视作"其他业务收入"。

二、营业收入指标填报易错点

(一)营业收入填报原则理解易错点。

1.法人单位统计原则易错点。

(1)漏报下属产业活动单位(如分公司)数据。

(2)多报法人子公司数据。

(3)同一法人控股的不同单位"打捆"报送。

(4)挂靠在同一法人单位下的个体户、公司"打捆"报送。

(5)关联企业"打捆"报送。

2.统计口径可比原则易错点。

下列情况不属于统计口径不可比:

(1)企业正常的业务增加、减少、转移等。

(2)外部原因导致企业经营状况景气或不景气。

(3)企业消亡、面临诉讼、罚款等。

(二)服务业视同法人情况理解易错点。

不具有法人资格、但是依法成立的个人独资企业、合伙企业,以及律师事务所、会计事务所等专业服务机构在统计上视同法人。

(三)特殊情况的处理。

1.中国电信集团有限公司、中国电信股份有限公司、中国移动通信集团有限公司、中国移动通信有限公司、中国联合网络通信集团有限公司、中国联合网络通信股份有限公司、中国铁通集团有限公司、中移铁通有限公司、中国铁塔股份有限公司等垂直管理单位设立的省(自治区、直辖市)、市(地、州、盟)分支机构(包含直辖市中的区(县)分支机构和直辖县分支机构)视同法人单位,县(市、区、旗)分支机构及营业网点作为产业活动单位。为电信公司提供分销服务且不隶属于电信系统的经营代办网点,根据证照确定单位类型。

2.中国石油天然气集团有限公司、中国石油天然气股份有限公司、中国石油化工集团公司、中国石油化工股份有限公司、中国海洋石油集团有限公司等垂直管理单位设立的省(自治区、直辖市)、市(地、州、盟)分支机构(包含直辖市中的区(县)分支机构)视同法人单位,省(自治区、直辖市)、市(地、州、盟)石油销售公司(包含直辖市中的区(县)石油销售公司和直辖县石油销售公司)视同法人单位,县(市、区、旗)以下石油销售单位作为产业活动单位。中国石油天然气集团有限公司、中国石油天然气股份有限公司、中国石油化工集团公司、中国石油化工股份有限公司、中国海洋石油集团有限公司下属的加油站作为产业活动单位;其他加油站根据证照确定单位类型。

3.隶属于中国邮政集团有限公司的省(自治区、直辖市)、市(地、州、盟)邮政机构(包含直辖市中的区(县)邮政机构和直辖县邮政机构)视同法人单位;县(市、区、旗)以下分支机构作为产业活动单位。

4.产业活动单位接受法人单位的管理和控制,其所有产业活动单位皆由该法人统一在当地统计,包括产业活动单位在外区的和外省市的。分公司一般为产业活动单位,应由母公司统一在当地报送,以免漏报。子公司一般为法人单位,应独立报送统计报表,母公司不应包含子公司数据,以免重复。

外国企业和港澳台企业在中国境内常驻的从事与该企业业务有关的非营利性活动的办事处、代表处等机构,不具有法人资格的,作为产业活动单位。

例:A 企业是一家总部在北京的区域性快递企业,在部分城市有业务,其中,天津有一家子公司 B,南京有一家分公司 C,苏州有一家子公司 D,上海有一家分公司 E,宁波有一家子公司 F,合肥有一家分公司 G。各地区的子公司都是法人企业,而分公司则是不具有法人资格的分支机构。

本案例统计单位的确定如下:

(1)具有法人资格的 A 企业、B 企业、D 企业、F 企业分别在所在地上报统计报表。

（2）各地分公司 C 公司、E 公司和 G 公司由于是 A 企业在各地的分支机构，不具有法人资格，因此必须将相关数据资料汇总在北京总部 A 企业中上报，而这三家公司都只作为产业活动单位由 A 公司上报基本情况表。

三、营业收入指标执法检查要点

（一）执法检查主要内容。

1.核对检查对象的基本信息。开展现场执法，亮明身份讲清来意后，调取检查对象的营业执照、组织机构代码证等信息证明资料，核对检查对象的单位名称、法定代表人、注册地址等基本信息是否与检查通知一致。必要时，进入检查对象经营场所，询问生产经营状况、员工数量、规模大小等情况，了解检查对象是否符合统计调查制度的要求，并判断检查对象规模是否达到统计入库标准、行业划分是否准确。

2.检查营业收入指标数据。通过调取检查对象的利润表、财务总账、科目余额表等财务资料，以及相关原始票据凭证、增值税纳税申报表进行核验，从而认定营业收入的检查数据。在检查对象财务规范时，经综合研判，可以抽取一定数量凭证验证取证，据而认定检查对象营业收入指标检查结果。

3.营业收入数据差错原因。发现检查对象上报营业收入数据有误，仔细询问相关工作，深入了解原因，并做好相关记录。根据检查对象自身原因还是数据被违法干预，采取有效的针对措施，消除影响统计数据质量的隐患。

（二）检查对象的相关准备工作。

1.安排相关人员配合检查。检查对象应当按照执法检查通知书要求，安排专人负责配合现场执法检查，检查期间检查对象应保证其法定代表人或者单位负责人、统计人员、会计人员等相关人员在场配合检查，检查对象法定代表人或单位负责人因故不能现场配合执法检查的，可通过授权委托书书面委托相关人员代理配合执法检查工作，配合执法检查的人员需携带身份证等相关身份证明资料。

2.提前准备资料。为保证执法检查工作顺利进行,检查对象应按照检查通知要求,提前准备相关资料和单位公章、法人章,相关资料包括检查对象营业执照、所属专业统计报表、营业收入统计台账、财务资料及检查所需的其他相关资料。

(三)检查营业收入注意事项。

(1)严格遵守执法规范。现场执法人员不得少于2人,及时向检查对象出示执法证件,提前向检查对象送达检查通知书,并要求企业指定人员签收,验看检查对象营业执照和有关人员身份证件等,确认无误后按照执法检查的流程进行检查。

(2)核实企业基本情况。询问被检查单位的基本情况,包括主要业务活动内容、是否为独立法人单位、有无分支机构或在外地的分厂,了解检查对象的财务制度情况等,做到心中有数,严格按照统计调查制度规定,认定检查对象营业收入数据。

(3)检查结果的确认。执法检查结束后,认真查看询问笔录,认真核对检查对象信息、上报数据和检查结果,由法定代表人、单位负责人或者被授权委托人在检查结果上签字确认。

(四)计算和取证。

1.直接摘取财务数据。

对于财务制度规范,会计账簿资料齐全的检查对象。营业收入数据可以直接摘取检查对象会计"利润表"(有时也称为"损益表")中"营业收入"项目的本年累计数。目前检查工作中,绝大多数情况下营业收入检查数的认定采用此种取数方法。

2.根据相关数据计算。

对于个别财务制度不规范,没有建立相关会计账簿的检查对象,可以参考其在税务系统报送的"利润表"中"营业收入"项目的本年累计数认定。

第七节 从业人员工资总额

一、从业人员工资总额的概念、填报原则与内容

（一）从业人员工资总额的概念。

从业人员工资总额，指本单位在报告期内直接支付给本单位全部从业人员的劳动报酬总额。不论是计入成本的还是不计入成本的，不论是以货币形式支付的还是以实物形式支付的，均应列入工资总额的计算范围。

（二）从业人员工资总额的填报原则。

以"谁发工资谁统计（劳务派遣人员除外）"为基本原则，劳务派遣人员按照"谁用工谁统计"的原则统计。

调查单位在本地区以外的产业活动单位，其人员和工资应包含在本单位中。

本单位发放给不属于本单位从业人员的劳动报酬不计入本单位工资总额。

（三）从业人员工资总额的内容。

从业人员工资总额包括工资，奖金，津贴、补贴和其他工资。

1. 工资。包括基本工资和绩效工资。基本工资指本单位支付给本单位从业人员的按照法定工作时间提供正常工作的劳动报酬，各单位给个人确定的底薪可作为基本工资；绩效工资指根据本单位利润增长和工作业绩定期支付给本单位从业人员的奖励性工资。

2. 奖金。指支付给本单位从业人员的超额劳动报酬和增收节支的劳动报酬。具体包括：年终奖、全勤奖、生产奖、节约奖、劳动竞赛奖和其他名目的奖金以及某工作事项完成后的提成工资、年底双薪等。

3. 津贴和补贴。指本单位制定的员工相关工资政策中，为补偿本单位从业人员特殊或额外的劳动消耗和因其他特殊原因支付的津贴，

以及为保证其工资水平不受物价影响而支付的物价补贴。具体包括：补偿特殊或额外劳动消耗的津贴及岗位性津贴、保健性津贴、技术性津贴、地区津贴和其他津贴。如：过节费、通讯补贴、交通补贴、公车改革补贴、取暖补贴、物业补贴、不休假补贴、无食堂补贴、单位发的可自行支配的住房补贴以及为员工缴纳的各种商业性保险等。

4.其他工资。指单位发放给从业人员除工资、奖金、津贴和补贴外的劳动报酬。如补发上一年度的工资等。

二、从业人员工资总额指标填报易错点

1.应包括的项目。

(1)部分补贴，如过节费、公车改革补贴、取暖补贴、物业补贴、不休假补贴、由单位发放的可自行支配的住房补贴等。

(2)其他工资，如因调整工资而补发的上年工资等。

(3)单位从个人工资中直接为其代扣或代缴的个人所得税、社会保险基金、住房公积金和企业年金等个人缴纳部分。

(4)单位为职工缴纳的各种商业性保险。

(5)试行企业经营者年薪制的经营者，其工资正常发放部分和年终结算后补发的部分。

(6)女职工在休产假期间领取的生育津贴或由本单位发放的产假工资。

(7)外派工作补贴(如驻村、援疆援藏、抗疫一线医务人员所发相关补贴)。

(8)单位发放的实物性质的以及各种形式的充值卡、购物卡(券)等(工会经费或工会账户中发放的福利除外)。

2.不应包括的项目。

(1)由单位缴纳的各项社会保险、住房公积金。按照国家政策为职工建立的企业年金和补充医疗保险中，单位按政策规定比例缴纳的部分。

（2）无论法人单位是否有独立的工会账户，从工会经费中发给会员的现金和实物，均不计入该法人单位的工资总额。

（3）用工单位支付给劳务派遣单位的除人员工资以外的管理费和手续费。

（4）病假、事假等情况产生的扣款。

（5）出差补助、误餐补助。因实行食宿费包干，实际支出费用低于标准的差价归己部分；单位给实报实销的差旅费。

（6）职工集资入股或购买企业债券后发给职工的股息分红、股权激励兑现的收益和各种资本性收益等。

（7）劳动合同制职工解除劳动合同时由企业支付的医疗补助费、生活补助费以及一次性支付给职工的经济补偿金。

（8）支付给外单位人员的稿费、讲课费及其他专门工作报酬。

（9）有关劳动保险和职工福利方面的费用。职工保险福利费用包括医疗卫生费、职工死亡丧葬费及抚恤费、工伤补助金、职工生活困难补助、探亲路费、计划生育补贴、防暑降温费、婴幼儿补贴、独生子女费。

（10）有关离休、退休、退职人员待遇的各项支出。

三、从业人员工资总额指标执法检查要点

（一）执法检查主要内容。

1. 被检查单位的基本情况。包括：被检查单位有关情况是否属实，是否真实存在，组织机构代码、企业名称及企业类型是否准确，企业填报的专业报表类别是否正确，如是否为财务核算独立法人单位，包括统计上认定的视同法人单位的产业活动单位。

2. 被检查单位报送的相关统计指标口径及数据是否正确。首先要了解被检查单位人员结构、相关统计指标是如何填报的，实际运营中工资、奖金、津贴等发放周期、发放方式；其次，检查工资单等发放凭证及相关财务会计账与相关统计台账、统计报表的对应情况，是否与对应的制度保持一致，是否做到数出有据、账实相符。重点了解相关科目的归

类是否正确,不应计入的内容是否予以剔除,应予纳入的项目是否予以添加;是否遵循何时发放何时统计原则,并按照工资所属期间填报。

3.被检查单位统计数据差错情况及出现问题的原因。一是相关指标上报数与检查数不一致的原因,是否因为不够了解统计制度等自身原因导致数据失实,是否存在被有关部门或单位非法干预情况,如违法代填代报、授意、指使、强令报送虚假统计数据等违法行为。二是被检查单位统计基础工作情况,是否为统计工作提供必要的条件保障;是否依法设置原始记录、统计台账;统计人员是否按要求参加统计培训。

(二)被检查单位相关准备工作。

1.相关人员须在场配合检查。包括:法定代表人或委托代理人、统计负责人、统计人员、财务人员、人力资源相关人员等在场配合检查。这里需要说明的是检查劳动工资相关指标,需要人力资源部门工作人员在场配合检查,他们熟悉公司人员情况及工资福利等政策,能够更好地说明相关指标计算依据,便于执法检查的顺利高效开展。

2.现场检查需提供的资料。包括:(1)从业人员及工资总额统计报表;(2)营业执照或其副本;(3)单位公章;(4)授权委托书(法定代表人不能在场接受检查时提供);(5)人力资源相关资料如人员花名册、考勤表、奖金及津补贴政策、工会福利、分公司情况等相关材料;(6)工资表、有关凭证、财务报表、明细账等账务资料;(7)检查人员要求的其他相关资料。

(三)检查从业人员工资总额注意事项。

执法检查人员在检查过程中,一是严格依法依规开展检查,及时出示执法证件,并按照先查看现场再开展执法检查的顺序进行检查。二是验看被检查单位的营业执照和相关人员的身份证等有关资料。三是全面深入了解被检查单位有关情况,包括单位基本情况,是否为独立法人单位,有无分支机构,人员构成情况、工资、奖金、津贴是如何发放的;是否遵循何时发放何时统计原则,按照工资所属期间填报;相关科目的归类是否正确,不应计入的内容是否予以剔除,应予纳入的项目是否予以添加;认真细致,在把握好劳动工资统计原则的基础上,具体问题具体分析。

(四)计算和取证。

1.取证方法。一般采取应付职工薪酬科目明细账取证方法。首先需要界定受查单位的全部从业人员有哪些,其次根据有关财务账、工资表等材料准确计算受查单位从业人员的工资总额。

从业人员工资总额一般通过应付职工薪酬科目借方累计发生额来体现。要确定受查单位支付的全部从业人员工资总额是否都在应付职工薪酬科目中核算,是否该科目借方累计发生额多包含了不属于工资总额的项目(应扣减),或者还有其他实际支付给从业人员的工资总额项目未在该科目体现(应加回),从而准确计算从业人员工资总额检查数。

2.取证资料。一是财务账,包括原始凭证、记账凭证、工资科目明细账等。用于准确计算从业人员工资总额。二是工资表,核实报告期内受查单位从业人员工资发放情况是否与财务账目统一。三是报告期内社会保险或商业保险缴费单据、银行流水单、现金和实物领取表、股权分红(激励)账等辅助证明材料。

3.常见问题。一是从业人员工资总额应包含报告期内支付给本单位全部从业人员的劳动报酬,部分企业从业人员工资总额中仅包含了日常发放的工资,未包含年终奖、临时发放的津贴补贴。二是按照制度规定,从业人员工资总额中应包含个人负担部分的社会保险和住房公积金,但不包含社会保险和住房公积金的单位负担部分。部分企业直接按照实发工资填报,漏报了个人负担的社会保险和住房公积金部分。有的按照应付职工薪酬科目填报,多报了单位负担部分的社会保险和住房公积金以及工会经费、福利费等项目。三是若企业会计账设置有"应付工资"科目且核算规范、内容完整的,则从业人员工资总额指标可按照"应付工资"科目本期借方累计发生额填报;如未设置或科目核算不全,则分析填列。四是应遵循"何时发放何时统"的原则。部分企业直接按照工资的计提数发放;对于"下发薪"(当月工资下月发放)的企业,按照计提数填报会导致上报数涵盖期间与报表报告期不一致。

第八节　一套表统计调查单位管理

一、一套表统计调查单位概念

一套表统计调查单位作为开展国家常规统计调查的主要对象,是现行统计报表的填报主体,具体范围包括:规模以上工业、有资质的建筑业、限额以上批发和零售业、限额以上住宿和餐饮业、有开发经营活动的房地产开发经营业、规模以上服务业、其他有 5000 万元及以上在建项目的法人单位。

确定以上法人单位的标准为:

(1)规模以上工业:年主营业务收入 2000 万元及以上的工业法人单位。

(2)有资质的建筑业:有总承包、专业承包资质的建筑业法人单位。

(3)限额以上批发和零售业:年主营业务收入 2000 万元及以上的批发业、年主营业务收入 500 万元及以上的零售业法人单位。

(4)限额以上住宿和餐饮业:年主营业务收入 200 万元及以上的住宿和餐饮业法人单位。

(5)房地产开发经营业:有开发经营活动的房地产开发经营业法人单位。

(6)规模以上服务业:年营业收入 2000 万元及以上服务业法人单位,包括:交通运输、仓储和邮政业,信息传输、软件和信息技术服务业,水利、环境和公共设施管理业三个门类和卫生行业大类;年营业收入 1000 万元及以上服务业法人单位,包括租赁和商务服务业,科学研究和技术服务业,教育三个门类,以及物业管理、房地产中介服务、房地产租赁经营和其他房地产业四个行业小类;年营业收入 500 万元及以上服务业法人单位,包括:居民服务、修理和其他服务业,文化、体育和娱乐业两个门类,以及社会工作行业大类。

(7)其他有5000万元及以上在建项目的法人单位:未纳入规模以上工业、有资质的建筑业、限额以上批发和零售业、限额以上住宿和餐饮业、房地产开发经营业、规模以上服务业范围,且在报告期内有计划总投资5000万元及以上在建投资项目的法人单位。

二、一套表统计调查单位管理工作内容

根据统计机构关于一套表统计调查单位管理有关规定,按照"先进库,后报数"的原则,一套表统计调查单位的增减变动,须经各级统计机构依据单位提交的资料审核确定后做出相应处理。

已达到一套表统计调查单位规模标准且具备报送数据条件但尚未纳入一套表统计调查的单位,有义务按要求及时向所在地统计机构提供营业执照(证书)、利润表和纳税申报表等证明单位达到纳入一套表规模标准的资料;已纳入一套表统计调查的单位,如单位主要信息发生变更,须按要求提供证明单位相应信息发生变更的资料;已纳入一套表统计调查的单位发生注销、吊销、长期停歇业、上年经营规模未达规模标准等情况,由单位所在地统计局提出退出单位名单。以上资料经各级统计机构审核确定后,对申报单位做纳入、变更、退出一套表统计调查单位等增减变动处理。

三、一套表统计调查单位审核要求

国家统计局每年印发当年年度和次年月度一套表统计调查单位审核确认工作要求。一般在年度和月度分期别开展一套表统计调查单位的纳入、变更和退出审核确认工作,审核类型在不同期别有所不同。

(一)审核类型。

拟纳入单位类型包括:新开业(投产)单位(指上年第四季度及当年新开业(投产)的单位,下同),"规下升规上"单位等。

变更主要信息单位类型包括：单位详细名称变更单位，统一社会信用代码变更单位，建筑业资质等级变更单位等。

退出单位类型包括："规上转规下"单位，当年没有经营活动的房地产开发经营业单位或无资质的建筑业单位，所属项目上年全部完工的其他有 5000 万元及以上在建项目的单位，注销、吊销或停业（歇业）单位等。

（二）审核材料。

拟纳入单位。所有单位均须提供统一社会信用代码、单位详细名称、主要业务活动等相关信息及营业执照（证书）等证明企业（单位）身份信息的证照类材料，如已将"五证合一"相关部门信息共享至一套表统计调查单位审核平台的地区可免于提供营业执照（下同）。其中，工业、批发和零售业、住宿和餐饮业、服务业单位需提供《利润表》《增值税纳税申报表》等证明单位经营规模的材料；建筑业、房地产开发经营业、其他有 5000 万元及以上在建项目的法人单位须提供证明单位资质、项目情况等相关材料。

变更主要信息单位。所有单位均须提供统一社会信用代码、单位详细名称等相关信息及单位信息发生变更的证明材料。

退出的单位。所有单位均须提供统一社会信用代码、单位详细名称等相关信息及单位符合退出一套表统计调查单位范围所要求的相关证明材料。

四、一套表统计调查单位审核要点

统计机构需严格按照一套表统计调查单位增减变动流程及规定，对申报单位进行逐级审核确认，审核工作主要有：

（一）单位是否真实存在、是否正常运营。

基层统计机构对拟纳入单位进行实地查看，查看单位是否在申报纳入地区真实存在且处于正常运营状态。上级统计机构根据审核系统中上传的单位材料，结合相关部门共享信息，审核单位真实性。

（二）单位是否为法人单位或视同法人单位。

根据单位证照类材料审核拟纳入单位是否为法人单位，如为产业活动单位，则需根据国家统计局印发的《统计单位划分及具体处理办法》等相关文件要求，确定单位是否符合视同法人单位标准要求。

例：根据申报对象的营业执照（证书）认定是否为法人单位。如登记事项中包括"法定代表人""投资人""执行事务合伙人"或登记类型为"合伙企业""个人独资企业"的一般为法人单位。如登记事项中包括"负责人"或单位名称中包含"分公司""分厂""分部""分店"和"项目"等字样的，一般为产业活动单位，需要进一步判定是否允许视同法人单位。

（三）单位是否达到规模标准。

1. 规模以上工业、服务业，限额以上批发和零售业、住宿和餐饮业。根据单位《利润表》（或《损益表》）中"年（主营）业务收入①"、《增值税纳税申报表》中"累计销售额"等指标判断单位是否达到申报纳入行业的规模标准。批发和零售业、住宿和餐饮业单位的《增值税纳税申报表》中"累计销售额"指标若无法反映企业实际经营情况，可补充提供收银系统、销售系统等业务管理系统截图进行说明。

2. 有资质的建筑业。查看是否有总承包、专业承包的建筑业企业资质证书。

3. 其他有 5000 万元及以上在建项目的法人单位。审核单位报告期内是否有在建固定资产投资项目且该投资项目计划总投资达到 5000 万元。

4. 申报类型是否准确、申报材料是否齐全。审核单位申报的纳入、变更、退出等类型是否准确规范；审核单位主要业务活动、行业代码与申报纳入行业是否相符；审核拟纳入的其他有 5000 万元及以上在建项

---

① 若利润表中未设置"主营业务收入"科目，工业、服务业、批发和零售业、住宿和餐饮业单位可使用"营业收入"代替。

目的法人单位是否已纳入规模以上工业、有资质的建筑业、限额以上批发和零售业、限额以上住宿和餐饮业、房地产开发经营业、规模以上服务业一套表统计调查单位范围；审核单位提供的证照类、财务类等材料是否齐全、格式是否符合具体要求。

五、一套表统计调查单位入退库执法检查要点

根据"先进库，后报数"原则，调查单位只有先申报纳入一套表统计调查单位库，才能报送数据。入库资料造假是一种"源头"的统计造假。

（一）一套表统计调查单位入库材料的检查方法。

对统计机构开展文件调阅时，执法人员可分专业对入库材料进行检查。

1. 工业、批发和零售业、住宿和餐饮业、服务业。

入库标准是以年主营业务收入（营业收入）进行设定，要求调查单位在申报材料中提供截至申报期最近 1 个月（或 1 季度）加盖单位公章（或财务专用章）的《利润表》复印件，打印并加盖单位公章的《增值税纳税申报表》，或打印税务网上申报系统查询的《增值税纳税申报表》整屏截图（带查询页面的完整表）并加盖单位公章。对于利润表中的主营业务收入（营业收入）数据，执法人员应当调取"主营业务收入"和"其他业务收入"会计科目的财务明细账对相关数据进行核对，并结合增值税纳税申报表中应税货物销售额、审计报告等对主营业务收入（营业收入）进行核验，也可以通过调取税务部门提供的入库申报期的增值税纳税申报表，比对应税货物销售额数据与入库申报材料中的主营业务收入（营业收入）数额是否一致，判断是否存在入库材料造假行为。

对于入库材料造假的，应当对企业和统计机构分别制作询问笔录，就入库材料造假行为人及造假行为进行确认，并就造假手段和造假时间进行确认，笔录应记录完整准确，对于伪造的入库材料进行标注并取证。

2.建筑业、房地产开发经营业。

调取"建筑业企业资质证书"或"房地产开发企业资质证书"原件进行核查,必要时可前往住建部门进行核验。

3.固定资产投资项目。

调取可证明项目计划总投资的材料(审批核准备案文件、购置合同、其他证明材料等)和证明项目开工的材料原件(施工合同、施工许可证、财务凭证、购置证明材料等),同时可实地查看项目现场,对项目铭牌、项目现场进行确认,如果项目现场呈现的有关要素与相关入库材料不符,应当对现场进行拍照取证,同时对该项目的有关负责人进行问询并记录。

建设项目的批复(或备案)文件、证明项目计划总投资的材料、证明项目开工的材料,可前往发改、经信(工信)等相关部门进行现场核实。

(二)一套表统计调查单位退库的检查方法。

通过下列方法,核查核实在库企业是否存在应退未退行为。

1.线上核查。

通过"国家企业信用信息公示系统"等进行查询,核查调查单位的真实性,是否处于异常经营状态。对于存在分支机构的调查单位,要查看所有分支机构情况,也可通过"天眼查""企查查"等核查企业经营状况,是否处于异常经营状态。

2.实地核查。

对于已入库的存疑单位,执法人员可以实地查看调查单位的生产经营场所、生产加工车间、项目所在地和施工现场等,并对现场拍照或录像作为证据留存。

3.相关资料核查。

(1)工业、批发和零售业、住宿和餐饮业、服务业。通过调取税务部门增值税纳税申报表中应税货物销售额数据,与在库单位的入库标准进行比对,初步筛查出符合退库标准的调查单位,根据筛查结果进行现场核查。

重点核查会计账中"主营业务收入"和"其他业务收入"科目数额，并结合增值税纳税申报表中应税货物销售额、审计报告等对主营业务收入（营业收入）进行验证，核查核实调查单位是否已符合退库标准。

（2）建筑业、房地产开发经营业。可通过调取住建部门已注销或吊销单位名单，与在库单位进行比对，初步筛查出符合退库标准的调查单位，根据筛查结果进行现场核查。

核查调查单位是否具有建筑业企业资质，确认调查单位有无经营活动是否已符合退库标准。

（3）固定资产投资项目。重点核查所属项目是否已全部完工，确认调查单位有无经营活动是否已符合退库标准。

对于在库法人单位，还可通过与市场监管部门已注销或吊销单位名单进行比对，初步筛查出符合退库标准的调查单位，根据筛查结果进行现场核查。

第七章 统计违法案例分析

第一节 领导干部统计违纪违法案例

一、领导干部强令相关部门和人员编造虚假数据

【案情介绍】

根据相关部门转交问题线索，相关统计机构对 A 县涉嫌存在编造虚假统计数据问题线索进行执法检查，发现 A 县多个专业统计数据大面积失实，统计造假、弄虚作假问题特别严重。

1. 统计数据大面积失实。经查，A 县资质以上建筑业企业建筑业总产值、固定资产投资项目本年完成投资、限额以上住宿和餐饮业企业营业额等重要统计指标数据严重失实，部分指标失实率超过 1 倍；其他专业统计数据也存在不同程度的失实问题。

2. 领导干部违法干预统计工作问题特别严重。A 县委、政府主要领导及分管统计工作领导在明知完成年度地区生产总值破百亿的经济发展目标任务还有较大差距、客观实际存在很大困难的情况下，依然在县委常委会上明确要求必须完成目标任务，迫使有关部门和人员围绕 GDP 数据有组织地进行统计造假、弄虚作假。县发展改革局、经济贸易局、住房和城乡建设局等相关部门细化分解主要经济指标目标任务到统计调查对象，指使统计调查对象或者其他单位、人员编造虚假统计数据在联网直报平台上填报；县统计局按行业对目标任务进行分解，测算出数据缺口，为造假出谋划策。

【处分处理】

A县委书记、县长和常务副县长未履行领导干部防范和惩治统计造假、弄虚作假责任，迫使相关部门和人员通过编造虚假数据方式完成经济发展目标任务，违反了《统计法》及其实施条例的规定，且造成本地区统计数据大面积失实，属于情节严重的统计造假、弄虚作假违纪违法行为，应当追究其党纪和政务责任。纪检监察机关给予县委书记、县长留党察看的党纪处分、撤职的政务处分；给予常务副县长开除党籍的党纪处分，开除的政务处分。同时追究了其他相关责任人责任。

【警示教育】

上述案件暴露出个别地方党委、政府有关领导干部政绩观出现偏差，没有完整、准确、全面贯彻新发展理念，不在真抓实干上下功夫，而在统计数据上做文章，裹挟部门和企业在统计数据上弄虚作假，严重违反统计法，影响统计数据质量，干扰误导依据统计数据进行宏观调控决策，严重违背党的思想路线，透支党和政府公信力，危害性极大。各地方、各部门、各单位领导干部和相关人员要以此案为鉴，牢固树立正确政绩观，严格遵守统计法律法规，严守领导干部统计法律底线，切实保障统计活动依法进行，不得侵犯统计机构、统计人员独立行使统计调查、统计报告、统计监督职权，不得非法干预统计调查对象提供统计资料，不得统计造假、弄虚作假。

二、领导干部对严重统计违纪违法行为失察

【案情介绍】

根据群众举报线索，相关统计机构对B区涉嫌存在的统计违法问题线索进行执法检查，发现B区统计数据大面积失实，B区多个街道办事处协同有关"秘书公司"编造大量入库材料入库并报送虚假统计数据。B区党委和政府领导对本地区严重统计违法行为失察。

1.统计数据大面积失实。经查，B区31个固定资产投资项目虚报本年完成投资统计数据。11家企业虚报商品销售额统计数据。

2.领导干部对严重统计违法行为失察。B区委区政府主要领导及分管统计工作领导未全面履行防范和惩治统计造假、弄虚作假主要领导和直接领导责任,对B区在固定资产投资和限额以上批发和零售业统计工作中,从入库申报到数据上报环节均存在统计造假行为失察失管,造成特别严重后果。

【处分处理】

B区党委、政府主要领导及分管统计工作领导违反了《统计法》及其实施条例的规定,属于对本地方发生的严重统计违法行为失察,属于情节严重的统计造假、弄虚作假违纪违法行为,应当追究其党纪和政务责任。纪检监察机关给予区委书记批评教育并责令作出深刻检查,给予区长、区委常委诫勉谈话处理。

【警示教育】

B区案件暴露出个别地方党委、政府有关领导干部未履行防范和惩治统计造假、弄虚作假主要领导和直接领导责任,关心统计工作仅停留在关心统计数据上,通过不切实际的考核方式层层传导压力,致使统计数据被人为干预,影响统计数据质量。各地方、各部门、各单位领导干部和相关人员要以此案为鉴,牢固树立正确政绩观,严格遵守统计法律法规,严守领导干部统计法律底线,切实担负起防惩统计造假、弄虚作假的主体责任。同时,纪检监察部门应严格依据党纪政务和法律法规相关规定追究相关责任人党纪政务责任,使统计造假者付出应有代价,达到查处一起、震慑一片的效果。

第二节 有关部门及其工作人员统计违纪违法案例

一、有关部门授意、指使统计调查对象提供不真实统计资料

【案情介绍】

根据上级转交问题线索,相关统计机构对C县涉嫌存在统计违法

问题线索进行立案调查,发现 C 县统计数据大面积失实,多个政府相关部门分工协作,共同参与统计造假、弄虚作假问题特别严重。

1.统计数据大面积失实。经查,C 县规模以上工业、资质以上建筑业、固定资产投资、房地产开发投资、限额以上批发和零售业、限额以上住宿和餐饮业、规模以上服务业等专业重要统计指标数据严重失实,部分指标失实特别严重。

2.有关部门及其工作人员违法干预统计工作问题特别严重。县发展改革局细化分解固定资产投资完成额目标任务到具体投资项目,通过会议布置等方式,授意、指使项目单位报送虚假本年完成投资统计数据。县经济贸易局通过"走访调研"等方式,指使、强令批发和零售业企业提供虚假商品销售额数据,甚至自行编造虚假统计数据并代填代报企业统计报表。县住房和城乡建设局采取电话通知等方式,授意、指使、强令房地产企业编造并报送虚假商品房销售面积数据。县农业农村局细化分解农林牧渔业目标任务,授意、指使乡镇相关部门和人员按照指定的虚假数据报送农业统计数据。县文化和旅游局要求住宿业企业编造营业额数据。县人力资源和社会保障局暗示相关单位、人员编造劳动工资相关数据。

【处分处理】

C 县多个部门要求统计调查对象伪造、篡改统计资料的违法行为,违反了《统计法》及其实施条例的规定,属于情节严重的统计造假、弄虚作假违纪违法行为。纪检监察机关分别给予 C 县发展改革局党组书记、局长,副局长,C 县经济贸易局党组书记、局长,副局长,时任 C 县住房和城乡建设局党组书记、局长,副局长,C 县农业农村局党组书记、局长,C 县文化和旅游局党组书记、局长党内严重警告、政务降级处分;分别给予 C 县人力资源和社会保障局党组书记、局长,副局长党内严重警告、政务记大过处分;给予 C 县经济贸易局党组成员、副局长党内警告、政务记过处分;给予 C 县文化和旅游局副局长政务记过处分。

【警示教育】

C县案件暴露出一些地方相关部门为了完成主要经济指标目标考核任务,"不抓经济抓报表",无视党纪国法,充当统计造假、弄虚作假"急先锋",严重影响本地区统计数据质量,危害性极大。各地方、各部门、各单位要以此案为鉴,依法履行防惩统计造假责任制,按照权责统一、分工明确、边界清晰的要求严明统计工作纪律,严守统计法律底线。通过严格追责问责,形成全系统法定统计职责必须履行,未能正确履行或者履行不到位的,就要受到追究的责任意识,从而切实保障统计活动依法进行,统计数据质量得到有效提升。

二、有关部门伪造、篡改统计资料

【案情介绍】

根据群众举报线索,相关统计机构对D县涉嫌存在编造虚假统计入库资料问题进行执法检查,发现县工信局、部分乡镇伪造固定资产投资项目备案文件骗取统计入库,编造相关统计数据,导致该地区统计数据严重失实。

1.固定资产投资项目统计数据严重失实。实地检查34个固定资产投资项目发现其中24个项目为虚假项目,统计入库后相关数据均为乡镇编造并代填代报统计报表,本年完成投资指标数据严重失实。

2.有关部门及其工作人员伪造统计入库资料。县工信局制作虚假技术改造投资项目备案资料用于统计入库,工作人员家庭经营的打印店成为该县制作虚假统计入库材料的"窝点",乡镇工作人员要求项目单位在虚假统计入库材料上加盖公章。

【处分处理】

D县有关部门责任人员的做法属于伪造、篡改统计资料、编造虚假统计数据的违法行为,最终造成本地区相关专业统计数据严重失实,应当追究相关责任人党纪和政务责任。纪检监察机关给予县工信局党组书记、局长行政记过,时任副局长、信息管理股股长行政警告处分,同时追究了其他相关责任人责任。

【警示教育】

D县案件暴露出有关部门及其工作人员漠视统计法律法规,知法犯法,采用"闭门造车"的方式伪造固定资产投资项目,编造源头统计数据,造成统计数据严重失实,群众影响极其恶劣。各地方、各部门、各单位要以此案为鉴,充分认识统计资料的真实、准确、完整、及时对于发挥统计在了解国情国力,服务经济社会发展的重要意义。严格遵守统计法律法规,认真执行统计调查制度,高度警惕统计造假、弄虚作假行为在本系统发生,杜绝"灯下黑"问题的发生。

第三节　统计机构、统计人员违纪违法案例

一、统计机构授意、指使统计调查对象提供不真实统计资料

【案情介绍】

根据群众举报线索,有关统计机构对F县涉嫌存在经济普查数据造假问题进行执法检查,发现F县部分专业普查数据严重失实,统计造假、弄虚作假问题特别严重。

1. 部分专业普查数据严重失实。执法检查33家工业企业,27家企业虚报主营业务收入指标;23家企业虚报本年折旧指标;28家企业虚报营业利润指标;27家企业虚报应付职工薪酬指标。

2. 统计机构授意普查对象按照指定数据报送统计报表。F县统计局下发GDP总量匡算表模版,实时监测并通报各乡镇和园区GDP总量及分行业完成情况,制作分乡镇和分企业的《增加值增速完成情况表》和《增加值计算表》,授意乡镇和园区按照行业增加值增速目标考核任务干预企业报送普查数据。同时将未达到增加值增速目标任务的普查对象名单反馈给乡镇和园区,还为乡镇和园区干预普查数据传授修改方法,并且强令乡镇和园区普查员直接篡改非一套表单位普查数据。

【处分处理】

F县统计局的做法,违反了《统计法》及其实施条例的规定,采用下发文件、会议布置以及其他方式授意、指使、强令统计调查对象或者其他单位、人员编造虚假统计资料的违法行为,按照相关规定属于情节特别严重的统计造假、弄虚作假违纪违法行为。纪检监察机关分别给予县统计局党组书记、局长撤销党内职务、政务撤职并降为四级主任科员处分;给予县统计局党组成员、总统计师撤销党内职务、政务撤职并降为二级科员处分。

【警示教育】

F县案件暴露出个别统计机构、统计人员违法履行工作职责职权,积极出谋划策、主动参与到造假作假中,说明统计机构和统计人员没有正确履行统计机构和统计人员防惩统计造假、维护统计独立性的天然职责。各级统计机构和统计人员要从上述统计违法案件中吸取教训、引以为戒,坚决贯彻落实党中央、国务院对统计改革发展的决策部署,提高政治站位,强化责任担当,夯实统计基层基础工作,着力提升统计工作质效。统计人员要保持清醒头脑,提升法治思维和法治理念,更好聚焦防治统计造假的能力提升,培养过硬履职能力。

二、统计人员伪造、篡改统计资料

【案情介绍】

根据上级部门转交线索,相关统计机构对G县和H县涉嫌存在人口普查资料造假问题线索进行执法检查,发现上述地区人口普查个别指标严重失实,乡镇普查机构负责人和有关部门指使、授意普查员篡改人口普查数据。

1.两县人口普查"是否识字"指标严重失实。检查组入户核实发现,多名55岁以上普查对象均不识字,部分15－50岁普查对象中只有个别识字,与普查资料严重不符。

2.乡镇普查机构负责人和有关人员指使、授意普查员篡改人口普查数据。各乡镇负责人和乡镇统计站统计员分别组织普查指导员和普查员按照文盲率低于2%的标准对人口普查"是否识字"指标进行修改。在此过程中,部分普查员并未进行入户或电话核实,直接将"是否识字"由"否"改为"是"。

【处分处理】

上述行为违反了《统计法》及其实施条例的规定,属于篡改统计资料的违法行为。上述责任人按照《办法》规定属于情节特别严重的统计造假、弄虚作假违纪违法行为。纪检监察机关责令上述地区县委书记、县长作出检查;给予分管副县长党内警告处分;给予县统计局局长党内严重警告处分;给予相关乡镇普查机构负责人和具体工作人员党内严重警告处分等处分。

【警示教育】

各级普查机构要从该案件中深刻吸取教训,引以为戒,认真落实本地区防范和惩治统计造假、弄虚作假责任,严格遵守《统计法》及其实施条例、《全国人口普查条例》等统计法律法规,严守纪律底线红线,确保普查数据真实可靠。统计机构、统计人员和普查机构、普查人员要做依法依规普查的表率,绝不能知法犯法,不得以任何理由编造虚假普查资料,不得以任何方式要求任何单位和个人提供不真实的普查资料。

三、统计机构明知有统计违法行为,应当查处而不查处

【案情介绍】

根据群众举报,相关统计机构对J县涉嫌存在统计违法问题线索进行执法检查,发现J县存在严重的利用虚假资料统计入库的情况。

1.多家企业存在统计入库资料造假问题。J县某年度全部新增入库企业入库材料存在弄虚作假问题。其中入库申报的利润表、法人单位基本情况表、增值税纳税申报表等普遍造假作假;大部分企业的增值税纳税申报表与税务部门提供的真实增值税纳税申报表不一致;多家企业提供的主营业务收入数据与企业真实生产经营情况差异巨大。

2.统计机构明知存在违法行为不予查处。经查,J县"双过半"考核任务完成时限临近,经相关职能部门督促,部分企业在短期内向统计机构提交了入库申报材料。县统计局及相关工作人员预估相关材料存在问题的可能性很大,但是出于落实县有关会议精神的考虑并没有进行调查核实,只是书面审核有关要件后即办理了入库纳统手续,导致后期上述企业报送虚假统计数据,造成非常严重后果。

【处分处理】

统计机构上述行为违反了统计法律法规有关规定,明知存在统计违法行为,应当查处而不予查处且造成非常严重后果,按照相关规定属于特别严重的统计违纪违法行为。纪检监察机关给予县统计局分管负责人党内严重警告、政务记过处分,给予直接责任人员政务记大过处分。

【警示教育】

J县案件暴露出一些地方统计机构在统计工作中存在薄弱环节和突出问题,独立性差,对统计工作管理不严、监督不力。各级统计机构要进一步建立健全防范和惩治统计造假、弄虚作假责任体系,统计机构主要负责人切实担负起第一责任,领导班子成员担负起主体责任,统计人员要恪守统计职业道德,严格履行独立调查、独立报告、独立监督职责,守牢数据质量生命线。

四、统计机构对外提供、泄露能够识别或者推断单个统计调查对象身份资料

【案情介绍】

根据群众举报,相关统计机构对K县涉嫌存在统计违法问题进行执法检查,发现K县工信局为完成目标考核任务,细化分解主要统计数据指标任务到统计调查对象,指使统计调查对象编造虚假统计数据填报联网直报平台。为测算"数据缺口",便于实施非法干预,K县工信局以监测行业运行情况为名,要求县统计局定期提供该县规模以上工业单个企业有关期别统计数据。截至检查时,县统计局已向县工信局提供相关单项统计数据数年之久,涉及上百家规模以上工业企业。

【处分处理】

K 县统计局未正确履行工作职责,对外提供、泄露能够识别或者推断单个统计调查对象身份的资料,在一定程度上为县工信局实施非法干预提供了便利,且造成严重后果,属于情节较重的统计违纪违法行为。纪检监察机关给予县统计局相关工作人员政务记大过处分,给予分管负责人党内警告、政务记过处分。

【警示教育】

K 县案件暴露出地方个别基层统计部门法律意识淡薄,未能严守统计法律底线、坚守纪律红线。K 县统计局相关人员对外提供单个统计调查对象统计数据,不仅损害了统计调查对象的权益,客观上也为其他职能部门违法干预统计数据提供了便利,同时为统计造假、弄虚作假埋下了隐患。各级统计部门要以此为鉴、警钟长鸣,严格遵守统计法律法规,严格保守在统计工作中知悉的国家秘密、商业秘密,不得对外提供、泄露能够识别或者推断单个统计调查对象身份的资料。

第四节　　统计调查对象违法案例

一、提供不真实统计资料

【案情介绍】

A 市统计局执法检查发现,B 工业企业虚报营业收入统计数据,原因是将外地独立运营的子公司 C 公司的营业收入合并到 B 企业填报数据,进行打捆上报,违反国家统计调查制度,构成提供不真实统计资料的统计违法行为。同时,该单位也未建立健全原始记录和统计台账。统计人员更换频繁,也未按要求参加当地统计局组织的业务培训,企业负责人将统计工作视为负担,日常对统计工作不管不问,不予重视。

【行政处罚】

经过执法检查,A市统计局认定B企业构成提供不真实统计资料的统计违法行为,依据《统计法》第四十一条有关规定,给予B企业警告并处8万元罚款的行政处罚。同时,将B企业认定为统计严重失信企业,予以公示。

【警示教育】

提供真实准确的统计资料,是每个统计调查对象的法定义务,《统计法》第七条规定,国家机关、企业事业单位和其他组织以及个体工商户和个人等统计调查对象,必须依照本法和国家有关规定,真实、准确、完整、及时地提供统计调查所需的资料,不得提供不真实或者不完整的统计资料,不得迟报、拒报统计资料。

B企业统计法律意识淡薄,不履行统计法定义务,提供不真实资料,严重影响统计数据质量,该企业得到应有的法律制裁也为一些统计法律意识淡薄的单位敲响了警钟,警示这类单位端正统计工作态度、提高统计法律认识,提升统计业务能力和水平。

二、拒报或者故意迟报统计资料

【案情介绍】

2022年4月,M市统计局有一家批发和零售业企业(N公司),在联网直报平台关网时,迟迟不提交当期统计报表,包括《财务状况》(E203)和《批发和零售业商品销售和库存》(E204－1)两张统计报表,经相关人员催报后,仍以单位业务繁忙、财务人员人手不够为由,拒绝按时报送统计资料。M市统计局针对这种情况,立即组织相关人员成立检查小组,对B公司未按时报送统计资料行为进行立案调查。最终认定N公司违反《统计法》第七条规定,构成拒报或者故意迟报统计资料统计违法行为。

【行政处罚】

检查过程中,企业认识到自己统计违法行为的严重性,且态度配合,最后,M 市统计局对 N 公司进行了批评教育,给予警告并处 1000 元罚款的行政处罚。

【警示教育】

N 公司案件暴露出个别企业统计法律意识淡薄,没有认识到统计工作的严肃性、统计数据的重要性。《统计法》第七条规定,国家机关、企业事业单位和其他组织以及个体工商户和个人等统计调查对象,必须依照本法和国家有关规定,真实、准确、完整、及时地提供统计调查所需的资料,不得提供不真实或者不完整的统计资料,不得迟报、拒报统计资料。

N 公司案件说明,不严肃认真对待统计工作、统计数据,随意触碰统计法律底线,不配合统计机构、统计部门依法开展统计活动,必将受到统计法律的制裁。统计数据时效性,是受法律保护的,在遇到拒报或者故意迟报统计资料相关违法行为时,各级统计机构要敢于、善于拿起法律的武器,全力保护统计数据质量和统计部门的权威。

三、不配合执法检查

【案情介绍】

2023 年 3 月,K 市统计局对辖区内的 D 企业开展常规执法检查。D 企业是一家外贸企业,主要从事电子产品进出口业务。K 市统计局检查组人员按规定向企业发出统计执法检查通知书,提前告知企业检查时间、准备材料和配合人员等事项。检查组人员到达企业后,D 企业相关人员百般推脱,拒绝配合执法检查。称他们是当地纳税大户,也是所在区重点扶持企业,统计工作不是主要工作,也不存在问题,不用检查。

检查人员向统计人员耐心讲解了拒绝配合检查的法律后果,并再三宣讲统计法律法规,要求其正视问题,积极配合,但企业最终仍未转变态度。企业收到《统计行政处罚告知书》后,立即与区统计局取得联系,并于次日详细提供了相关资料。但为时已晚,市统计局最终坚持了原处罚决定。

【行政处罚】

K市统计局根据《统计法》相关规定,对其拒绝答复统计检查查询书的行为予以立案调查,发出《统计行政处罚告知书》,告知企业拟对其作出警告并2万元罚款的处罚。

【警示教育】

统计执法检查是一项严肃的具体行政行为,被检查对象必须予以配合。在实际工作中,有的单位严重缺乏法律意识,不仅漠视统计工作,甚至对统计机构的执法检查也不予以足够重视。有的单位虽然意识到统计执法检查的严肃性,但为了掩盖存在的统计违法问题,以阻碍、逃避、拖延的方式应对检查。根据《统计法》第四十一条的规定,拒绝、阻碍统计检查本身就是统计违法行为。

统计机构依法开展统计执法检查是统计法赋予的法定职责,积极配合统计执法检查是统计法赋予统计调查对象的法定义务。因此,统计机构在开展统计执法检查过程中遇到本案涉及的类似情况时,一定要坚持原则,可以从帮助检查对象权衡利害关系出发,说服其积极接受检查。对执意拒绝、阻碍检查的,采取对拒绝、阻碍统计检查行为直接立案调查或发出统计检查查询书的方式,直接追究其违法责任或继续查清有关事实后依法追究责任。

中华人民共和国统计法

(1983 年 12 月 8 日第六届全国人民代表大会常务委员会第三次会议通过 根据 1996 年 5 月 15 日第八届全国人民代表大会常务委员会第十九次会议《关于修改〈中华人民共和国统计法〉的决定》修正 2009 年 6 月 27 日第十一届全国人民代表大会常务委员会第九次会议修订 2009 年 6 月 27 日中华人民共和国主席令第十五号公布 自 2010 年 1 月 1 日起施行)

第一章 总 则

第一条 为了科学、有效地组织统计工作,保障统计资料的真实性、准确性、完整性和及时性,发挥统计在了解国情国力、服务经济社会发展中的重要作用,促进社会主义现代化建设事业发展,制定本法。

第二条 本法适用于各级人民政府、县级以上人民政府统计机构和有关部门组织实施的统计活动。

统计的基本任务是对经济社会发展情况进行统计调查、统计分析,提供统计资料和统计咨询意见,实行统计监督。

第三条 国家建立集中统一的统计系统,实行统一领导、分级负责的统计管理体制。

第四条 国务院和地方各级人民政府、各有关部门应当加强对统计工作的组织领导,为统计工作提供必要的保障。

第五条 国家加强统计科学研究,健全科学的统计指标体系,不断改进统计调查方法,提高统计的科学性。

国家有计划地加强统计信息化建设,推进统计信息搜集、处理、传输、共享、存储技术和统计数据库体系的现代化。

第六条 统计机构和统计人员依照本法规定独立行使统计调查、统计报告、统计监督的职权,不受侵犯。

地方各级人民政府、政府统计机构和有关部门以及各单位的负责人,不得自行修改统计机构和统计人员依法搜集、整理的统计资料,不得以任何方式要求统计机构、统计人员及其他机构、人员伪造、篡改统计资料,不得对依法履行职责或者拒绝、抵制统计违法行为的统计人员打击报复。

第七条 国家机关、企业事业单位和其他组织以及个体工商户和个人等统计调查对象,必须依照本法和国家有关规定,真实、准确、完整、及时地提供统计调查所需的资料,不得提供不真实或者不完整的统计资料,不得迟报、拒报统计资料。

第八条 统计工作应当接受社会公众的监督。任何单位和个人有权检举统计中弄虚作假等违法行为。对检举有功的单位和个人应当给予表彰和奖励。

第九条 统计机构和统计人员对在统计工作中知悉的国家秘密、商业秘密和个人信息,应当予以保密。

第十条 任何单位和个人不得利用虚假统计资料骗取荣誉称号、物质利益或者职务晋升。

第二章 统计调查管理

第十一条 统计调查项目包括国家统计调查项目、部门统计调查项目和地方统计调查项目。

国家统计调查项目是指全国性基本情况的统计调查项目。部门统计调查项目是指国务院有关部门的专业性统计调查项目。地方统计调查项目是指县级以上地方人民政府及其部门的地方性统计调查项目。

国家统计调查项目、部门统计调查项目、地方统计调查项目应当明确分工,互相衔接,不得重复。

第十二条　国家统计调查项目由国家统计局制定,或者由国家统计局和国务院有关部门共同制定,报国务院备案;重大的国家统计调查项目报国务院审批。

部门统计调查项目由国务院有关部门制定。统计调查对象属于本部门管辖系统的,报国家统计局备案;统计调查对象超出本部门管辖系统的,报国家统计局审批。

地方统计调查项目由县级以上地方人民政府统计机构和有关部门分别制定或者共同制定。其中,由省级人民政府统计机构单独制定或者和有关部门共同制定的,报国家统计局审批;由省级以下人民政府统计机构单独制定或者和有关部门共同制定的,报省级人民政府统计机构审批;由县级以上地方人民政府有关部门制定的,报本级人民政府统计机构审批。

第十三条　统计调查项目的审批机关应当对调查项目的必要性、可行性、科学性进行审查,对符合法定条件的,作出予以批准的书面决定,并公布;对不符合法定条件的,作出不予批准的书面决定,并说明理由。

第十四条　制定统计调查项目,应当同时制定该项目的统计调查制度,并依照本法第十二条的规定一并报经审批或者备案。

统计调查制度应当对调查目的、调查内容、调查方法、调查对象、调查组织方式、调查表式、统计资料的报送和公布等作出规定。

统计调查应当按照统计调查制度组织实施。变更统计调查制度的内容,应当报经原审批机关批准或者原备案机关备案。

第十五条　统计调查表应当标明表号、制定机关、批准或者备案文号、有效期限等标志。

对未标明前款规定的标志或者超过有效期限的统计调查表,统计调查对象有权拒绝填报;县级以上人民政府统计机构应当依法责令停止有关统计调查活动。

第十六条 搜集、整理统计资料,应当以周期性普查为基础,以经常性抽样调查为主体,综合运用全面调查、重点调查等方法,并充分利用行政记录等资料。

重大国情国力普查由国务院统一领导,国务院和地方人民政府组织统计机构和有关部门共同实施。

第十七条 国家制定统一的统计标准,保障统计调查采用的指标涵义、计算方法、分类目录、调查表式和统计编码等的标准化。

国家统计标准由国家统计局制定,或者由国家统计局和国务院标准化主管部门共同制定。

国务院有关部门可以制定补充性的部门统计标准,报国家统计局审批。部门统计标准不得与国家统计标准相抵触。

第十八条 县级以上人民政府统计机构根据统计任务的需要,可以在统计调查对象中推广使用计算机网络报送统计资料。

第十九条 县级以上人民政府应当将统计工作所需经费列入财政预算。

重大国情国力普查所需经费,由国务院和地方人民政府共同负担,列入相应年度的财政预算,按时拨付,确保到位。

第三章 统计资料的管理和公布

第二十条 县级以上人民政府统计机构和有关部门以及乡、镇人民政府,应当按照国家有关规定建立统计资料的保存、管理制度,建立健全统计信息共享机制。

第二十一条 国家机关、企业事业单位和其他组织等统计调查对象,应当按照国家有关规定设置原始记录、统计台账,建立健全统计资料的审核、签署、交接、归档等管理制度。

统计资料的审核、签署人员应当对其审核、签署的统计资料的真实性、准确性和完整性负责。

第二十二条　县级以上人民政府有关部门应当及时向本级人民政府统计机构提供统计所需的行政记录资料和国民经济核算所需的财务资料、财政资料及其他资料，并按照统计调查制度的规定及时向本级人民政府统计机构报送其组织实施统计调查取得的有关资料。

县级以上人民政府统计机构应当及时向本级人民政府有关部门提供有关统计资料。

第二十三条　县级以上人民政府统计机构按照国家有关规定，定期公布统计资料。

国家统计数据以国家统计局公布的数据为准。

第二十四条　县级以上人民政府有关部门统计调查取得的统计资料，由本部门按照国家有关规定公布。

第二十五条　统计调查中获得的能够识别或者推断单个统计调查对象身份的资料，任何单位和个人不得对外提供、泄露，不得用于统计以外的目的。

第二十六条　县级以上人民政府统计机构和有关部门统计调查取得的统计资料，除依法应当保密的外，应当及时公开，供社会公众查询。

第四章　统计机构和统计人员

第二十七条　国务院设立国家统计局，依法组织领导和协调全国的统计工作。

国家统计局根据工作需要设立的派出调查机构，承担国家统计局布置的统计调查等任务。

县级以上地方人民政府设立独立的统计机构，乡、镇人民政府设置统计工作岗位，配备专职或者兼职统计人员，依法管理、开展统计工作，实施统计调查。

第二十八条 县级以上人民政府有关部门根据统计任务的需要设立统计机构,或者在有关机构中设置统计人员,并指定统计负责人,依法组织、管理本部门职责范围内的统计工作,实施统计调查,在统计业务上受本级人民政府统计机构的指导。

第二十九条 统计机构、统计人员应当依法履行职责,如实搜集、报送统计资料,不得伪造、篡改统计资料,不得以任何方式要求任何单位和个人提供不真实的统计资料,不得有其他违反本法规定的行为。

统计人员应当坚持实事求是,恪守职业道德,对其负责搜集、审核、录入的统计资料与统计调查对象报送的统计资料的一致性负责。

第三十条 统计人员进行统计调查时,有权就与统计有关的问题询问有关人员,要求其如实提供有关情况、资料并改正不真实、不准确的资料。

统计人员进行统计调查时,应当出示县级以上人民政府统计机构或者有关部门颁发的工作证件;未出示的,统计调查对象有权拒绝调查。

第三十一条 国家实行统计专业技术职务资格考试、评聘制度,提高统计人员的专业素质,保障统计队伍的稳定性。

统计人员应当具备与其从事的统计工作相适应的专业知识和业务能力。

县级以上人民政府统计机构和有关部门应当加强对统计人员的专业培训和职业道德教育。

第五章 监督检查

第三十二条 县级以上人民政府及其监察机关对下级人民政府、本级人民政府统计机构和有关部门执行本法的情况,实施监督。

第三十三条 国家统计局组织管理全国统计工作的监督检查,查处重大统计违法行为。

县级以上地方人民政府统计机构依法查处本行政区域内发生的统计违法行为。但是,国家统计局派出的调查机构组织实施的统计调查活动中发生的统计违法行为,由组织实施该项统计调查的调查机构负责查处。

法律、行政法规对有关部门查处统计违法行为另有规定的,从其规定。

第三十四条 县级以上人民政府有关部门应当积极协助本级人民政府统计机构查处统计违法行为,及时向本级人民政府统计机构移送有关统计违法案件材料。

第三十五条 县级以上人民政府统计机构在调查统计违法行为或者核查统计数据时,有权采取下列措施:

(一)发出统计检查查询书,向检查对象查询有关事项;

(二)要求检查对象提供有关原始记录和凭证、统计台账、统计调查表、会计资料及其他相关证明和资料;

(三)就与检查有关的事项询问有关人员;

(四)进入检查对象的业务场所和统计数据处理信息系统进行检查、核对;

(五)经本机构负责人批准,登记保存检查对象的有关原始记录和凭证、统计台账、统计调查表、会计资料及其他相关证明和资料;

(六)对与检查事项有关的情况和资料进行记录、录音、录像、照相和复制。

县级以上人民政府统计机构进行监督检查时,监督检查人员不得少于二人,并应当出示执法证件;未出示的,有关单位和个人有权拒绝检查。

第三十六条 县级以上人民政府统计机构履行监督检查职责时,有关单位和个人应当如实反映情况,提供相关证明和资料,不得拒绝、阻碍检查,不得转移、隐匿、篡改、毁弃原始记录和凭证、统计台账、统计调查表、会计资料及其他相关证明和资料。

第六章　法律责任

第三十七条　地方人民政府、政府统计机构或者有关部门、单位的负责人有下列行为之一的,由任免机关或者监察机关依法给予处分,并由县级以上人民政府统计机构予以通报:

(一)自行修改统计资料、编造虚假统计数据的;

(二)要求统计机构、统计人员或者其他机构、人员伪造、篡改统计资料的;

(三)对依法履行职责或者拒绝、抵制统计违法行为的统计人员打击报复的;

(四)对本地方、本部门、本单位发生的严重统计违法行为失察的。

第三十八条　县级以上人民政府统计机构或者有关部门在组织实施统计调查活动中有下列行为之一的,由本级人民政府、上级人民政府统计机构或者本级人民政府统计机构责令改正,予以通报;对直接负责的主管人员和其他直接责任人员,由任免机关或者监察机关依法给予处分:

(一)未经批准擅自组织实施统计调查的;

(二)未经批准擅自变更统计调查制度的内容的;

(三)伪造、篡改统计资料的;

(四)要求统计调查对象或者其他机构、人员提供不真实的统计资料的;

(五)未按照统计调查制度的规定报送有关资料的。

统计人员有前款第三项至第五项所列行为之一的,责令改正,依法给予处分。

第三十九条　县级以上人民政府统计机构或者有关部门有下列行为之一的,对直接负责的主管人员和其他直接责任人员由任免机关或者监察机关依法给予处分:

(一)违法公布统计资料的;

（二）泄露统计调查对象的商业秘密、个人信息或者提供、泄露在统计调查中获得的能够识别或者推断单个统计调查对象身份的资料的；

（三）违反国家有关规定，造成统计资料毁损、灭失的。

统计人员有前款所列行为之一的，依法给予处分。

第四十条　统计机构、统计人员泄露国家秘密的，依法追究法律责任。

第四十一条　作为统计调查对象的国家机关、企业事业单位或者其他组织有下列行为之一的，由县级以上人民政府统计机构责令改正，给予警告，可以予以通报；其直接负责的主管人员和其他直接责任人员属于国家工作人员的，由任免机关或者监察机关依法给予处分：

（一）拒绝提供统计资料或者经催报后仍未按时提供统计资料的；

（二）提供不真实或者不完整的统计资料的；

（三）拒绝答复或者不如实答复统计检查查询书的；

（四）拒绝、阻碍统计调查、统计检查的；

（五）转移、隐匿、篡改、毁弃或者拒绝提供原始记录和凭证、统计台账、统计调查表及其他相关证明和资料的。

企业事业单位或者其他组织有前款所列行为之一的，可以并处五万元以下的罚款；情节严重的，并处五万元以上二十万元以下的罚款。

个体工商户有本条第一款所列行为之一的，由县级以上人民政府统计机构责令改正，给予警告，可以并处一万元以下的罚款。

第四十二条　作为统计调查对象的国家机关、企业事业单位或者其他组织迟报统计资料，或者未按照国家有关规定设置原始记录、统计台账的，由县级以上人民政府统计机构责令改正，给予警告。

企业事业单位或者其他组织有前款所列行为之一的，可以并处一万元以下的罚款。

个体工商户迟报统计资料的，由县级以上人民政府统计机构责令改正，给予警告，可以并处一千元以下的罚款。

第四十三条　县级以上人民政府统计机构查处统计违法行为时，认为对有关国家工作人员依法应当给予处分的，应当提出给予处分的建议;该国家工作人员的任免机关或者监察机关应当依法及时作出决定,并将结果书面通知县级以上人民政府统计机构。

第四十四条 作为统计调查对象的个人在重大国情国力普查活动中拒绝、阻碍统计调查,或者提供不真实或者不完整的普查资料的,由县级以上人民政府统计机构责令改正,予以批评教育。

第四十五条 违反本法规定,利用虚假统计资料骗取荣誉称号、物质利益或者职务晋升的,除对其编造虚假统计资料或者要求他人编造虚假统计资料的行为依法追究法律责任外,由作出有关决定的单位或者其上级单位、监察机关取消其荣誉称号,追缴获得的物质利益,撤销晋升的职务。

第四十六条 当事人对县级以上人民政府统计机构作出的行政处罚决定不服的,可以依法申请行政复议或者提起行政诉讼。其中,对国家统计局在省、自治区、直辖市派出的调查机构作出的行政处罚决定不服的,向国家统计局申请行政复议;对国家统计局派出的其他调查机构作出的行政处罚决定不服的,向国家统计局在该派出机构所在的省、自治区、直辖市派出的调查机构申请行政复议。

第四十七条 违反本法规定,构成犯罪的,依法追究刑事责任。

第七章 附 则

第四十八条 本法所称县级以上人民政府统计机构,是指国家统计局及其派出的调查机构、县级以上地方人民政府统计机构。

第四十九条 民间统计调查活动的管理办法,由国务院制定。

中华人民共和国境外的组织、个人需要在中华人民共和国境内进行统计调查活动的,应当按照国务院的规定报请审批。

利用统计调查危害国家安全、损害社会公共利益或者进行欺诈活动的,依法追究法律责任。

第五十条 本法自 2010 年 1 月 1 日起施行。

中华人民共和国统计法实施条例

(2017 年 5 月 28 日国务院令第 681 号公布　自 2017 年 8 月 1 日起施行)

第一章　总　　则

第一条　根据《中华人民共和国统计法》(以下简称统计法),制定本条例。

第二条　统计资料能够通过行政记录取得的,不得组织实施调查。通过抽样调查、重点调查能够满足统计需要的,不得组织实施全面调查。

第三条　县级以上人民政府统计机构和有关部门应当加强统计规律研究,健全新兴产业等统计,完善经济、社会、科技、资源和环境统计,推进互联网、大数据、云计算等现代信息技术在统计工作中的应用,满足经济社会发展需要。

第四条　地方人民政府、县级以上人民政府统计机构和有关部门应当根据国家有关规定,明确本单位防范和惩治统计造假、弄虚作假的责任主体,严格执行统计法和本条例的规定。

地方人民政府、县级以上人民政府统计机构和有关部门及其负责人应当保障统计活动依法进行,不得侵犯统计机构、统计人员独立行使统计调查、统计报告、统计监督职权,不得非法干预统计调查对象提供统计资料,不得统计造假、弄虚作假。

统计调查对象应当依照统计法和国家有关规定,真实、准确、完整、及时地提供统计资料,拒绝、抵制弄虚作假等违法行为。

第五条 县级以上人民政府统计机构和有关部门不得组织实施营利性统计调查。

国家有计划地推进县级以上人民政府统计机构和有关部门通过向社会购买服务组织实施统计调查和资料开发。

第二章 统计调查项目

第六条 部门统计调查项目、地方统计调查项目的主要内容不得与国家统计调查项目的内容重复、矛盾。

第七条 统计调查项目的制定机关(以下简称制定机关)应当就项目的必要性、可行性、科学性进行论证,征求有关地方、部门、统计调查对象和专家的意见,并由制定机关按照会议制度集体讨论决定。

重要统计调查项目应当进行试点。

第八条 制定机关申请审批统计调查项目,应当以公文形式向审批机关提交统计调查项目审批申请表、项目的统计调查制度和工作经费来源说明。

申请材料不齐全或者不符合法定形式的,审批机关应当一次性告知需要补正的全部内容,制定机关应当按照审批机关的要求予以补正。

申请材料齐全、符合法定形式的,审批机关应当受理。

第九条 统计调查项目符合下列条件的,审批机关应当作出予以批准的书面决定:

(一)具有法定依据或者确为公共管理和服务所必需;

(二)与已批准或者备案的统计调查项目的主要内容不重复、不矛盾;

(三)主要统计指标无法通过行政记录或者已有统计调查资料加工整理取得;

(四)统计调查制度符合统计法律法规规定,科学、合理、可行;

（五）采用的统计标准符合国家有关规定；

(六)制定机关具备项目执行能力。

不符合前款规定条件的,审批机关应当向制定机关提出修改意见；修改后仍不符合前款规定条件的,审批机关应当作出不予批准的书面决定并说明理由。

第十条　统计调查项目涉及其他部门职责的,审批机关应当在作出审批决定前,征求相关部门的意见。

第十一条　审批机关应当自受理统计调查项目审批申请之日起20日内作出决定。20日内不能作出决定的,经审批机关负责人批准可以延长10日,并应当将延长审批期限的理由告知制定机关。

制定机关修改统计调查项目的时间,不计算在审批期限内。

第十二条　制定机关申请备案统计调查项目,应当以公文形式向备案机关提交统计调查项目备案申请表和项目的统计调查制度。

统计调查项目的调查对象属于制定机关管辖系统,且主要内容与已批准、备案的统计调查项目不重复、不矛盾的,备案机关应当依法给予备案文号。

第十三条　统计调查项目经批准或者备案的,审批机关或者备案机关应当及时公布统计调查项目及其统计调查制度的主要内容。涉及国家秘密的统计调查项目除外。

第十四条　统计调查项目有下列情形之一的,审批机关或者备案机关应当简化审批或者备案程序,缩短期限:

（一）发生突发事件需要迅速实施统计调查；

（二）统计调查制度内容未作变动,统计调查项目有效期届满需要延长期限。

第十五条　统计法第十七条第二款规定的国家统计标准是强制执行标准。各级人民政府、县级以上人民政府统计机构和有关部门组织实施的统计调查活动,应当执行国家统计标准。

制定国家统计标准,应当征求国务院有关部门的意见。

第三章　统计调查的组织实施

第十六条　统计机构、统计人员组织实施统计调查,应当就统计调查对象的法定填报义务、主要指标涵义和有关填报要求等,向统计调查对象作出说明。

第十七条　国家机关、企业事业单位或者其他组织等统计调查对象提供统计资料,应当由填报人员和单位负责人签字,并加盖公章。个人作为统计调查对象提供统计资料,应当由本人签字。统计调查制度规定不需要签字、加盖公章的除外。

统计调查对象使用网络提供统计资料的,按照国家有关规定执行。

第十八条　县级以上人民政府统计机构、有关部门推广使用网络报送统计资料,应当采取有效的网络安全保障措施。

第十九条　县级以上人民政府统计机构、有关部门和乡、镇统计人员,应当对统计调查对象提供的统计资料进行审核。统计资料不完整或者存在明显错误的,应当由统计调查对象依法予以补充或者改正。

第二十条　国家统计局应当建立健全统计数据质量监控和评估制度,加强对各省、自治区、直辖市重要统计数据的监控和评估。

第四章　统计资料的管理和公布

第二十一条　县级以上人民政府统计机构、有关部门和乡、镇人民政府应当妥善保管统计调查中取得的统计资料。

国家建立统计资料灾难备份系统。

第二十二条　统计调查中取得的统计调查对象的原始资料,应当至少保存 2 年。

汇总性统计资料应当至少保存 10 年,重要的汇总性统计资料应当永久保存。法律法规另有规定的,从其规定。

第二十三条　统计调查对象按照国家有关规定设置的原始记录和统计台账,应当至少保存2年。

第二十四条　国家统计局统计调查取得的全国性统计数据和分省、自治区、直辖市统计数据,由国家统计局公布或者由国家统计局授权其派出的调查机构或者省级人民政府统计机构公布。

第二十五条　国务院有关部门统计调查取得的统计数据,由国务院有关部门按照国家有关规定和已批准或者备案的统计调查制度公布。

县级以上地方人民政府有关部门公布其统计调查取得的统计数据,比照前款规定执行。

第二十六条　已公布的统计数据按照国家有关规定需要进行修订的,县级以上人民政府统计机构和有关部门应当及时公布修订后的数据,并就修订依据和情况作出说明。

第二十七条　县级以上人民政府统计机构和有关部门应当及时公布主要统计指标涵义、调查范围、调查方法、计算方法、抽样调查样本量等信息,对统计数据进行解释说明。

第二十八条　公布统计资料应当按照国家有关规定进行。公布前,任何单位和个人不得违反国家有关规定对外提供,不得利用尚未公布的统计资料谋取不正当利益。

第二十九条　统计法第二十五条规定的能够识别或者推断单个统计调查对象身份的资料包括:

(一)直接标明单个统计调查对象身份的资料;

(二)虽未直接标明单个统计调查对象身份,但是通过已标明的地址、编码等相关信息可以识别或者推断单个统计调查对象身份的资料;

(三)可以推断单个统计调查对象身份的汇总资料。

第三十条　统计调查中获得的能够识别或者推断单个统计调查对象身份的资料应当依法严格管理,除作为统计执法依据外,不得直接作为对统计调查对象实施行政许可、行政处罚等具体行政行为的依据,不得用于完成统计任务以外的目的。

第三十一条　国家建立健全统计信息共享机制,实现县级以上人民政府统计机构和有关部门统计调查取得的资料共享。制定机关共同制定的统计调查项目,可以共同使用获取的统计资料。

统计调查制度应当对统计信息共享的内容、方式、时限、渠道和责任等作出规定。

第五章　统计机构和统计人员

第三十二条　县级以上地方人民政府统计机构受本级人民政府和上级人民政府统计机构的双重领导,在统计业务上以上级人民政府统计机构的领导为主。

乡、镇人民政府应当设置统计工作岗位,配备专职或者兼职统计人员,履行统计职责,在统计业务上受上级人民政府统计机构领导。乡、镇统计人员的调动,应当征得县级人民政府统计机构的同意。

县级以上人民政府有关部门在统计业务上受本级人民政府统计机构指导。

第三十三条　县级以上人民政府统计机构和有关部门应当完成国家统计调查任务,执行国家统计调查项目的统计调查制度,组织实施本地方、本部门的统计调查活动。

第三十四条　国家机关、企业事业单位和其他组织应当加强统计基础工作,为履行法定的统计资料报送义务提供组织、人员和工作条件保障。

第三十五条　对在统计工作中做出突出贡献、取得显著成绩的单位和个人,按照国家有关规定给予表彰和奖励。

第六章　监督检查

第三十六条　县级以上人民政府统计机构从事统计执法工作的人员,应当具备必要的法律知识和统计业务知识,参加统计执法培训,并取得由国家统计局统一印制的统计执法证。

第三十七条　任何单位和个人不得拒绝、阻碍对统计工作的监督检查和对统计违法行为的查处工作,不得包庇、纵容统计违法行为。

第三十八条　任何单位和个人有权向县级以上人民政府统计机构举报统计违法行为。

县级以上人民政府统计机构应当公布举报统计违法行为的方式和途径,依法受理、核实、处理举报,并为举报人保密。

第三十九条　县级以上人民政府统计机构负责查处统计违法行为;法律、行政法规对有关部门查处统计违法行为另有规定的,从其规定。

第七章　法律责任

第四十条　下列情形属于统计法第三十七条第四项规定的对严重统计违法行为失察,对地方人民政府、政府统计机构或者有关部门、单位的负责人,由任免机关或者监察机关依法给予处分,并由县级以上人民政府统计机构予以通报:

(一)本地方、本部门、本单位大面积发生或者连续发生统计造假、弄虚作假;

(二)本地方、本部门、本单位统计数据严重失实,应当发现而未发现;

(三)发现本地方、本部门、本单位统计数据严重失实不予纠正。

第四十一条　县级以上人民政府统计机构或者有关部门组织实施

营利性统计调查的,由本级人民政府、上级人民政府统计机构或者本级人民政府统计机构责令改正,予以通报;有违法所得的,没收违法所得。

第四十二条 地方各级人民政府、县级以上人民政府统计机构或者有关部门及其负责人,侵犯统计机构、统计人员独立行使统计调查、统计报告、统计监督职权,或者采用下发文件、会议布置以及其他方式授意、指使、强令统计调查对象或者其他单位、人员编造虚假统计资料的,由上级人民政府、本级人民政府、上级人民政府统计机构或者本级人民政府统计机构责令改正,予以通报。

第四十三条 县级以上人民政府统计机构或者有关部门在组织实施统计调查活动中有下列行为之一的,由本级人民政府、上级人民政府统计机构或者本级人民政府统计机构责令改正,予以通报:

(一)违法制定、审批或者备案统计调查项目;

(二)未按照规定公布经批准或者备案的统计调查项目及其统计调查制度的主要内容;

(三)未执行国家统计标准;

(四)未执行统计调查制度;

(五)自行修改单个统计调查对象的统计资料。

乡、镇统计人员有前款第三项至第五项所列行为的,责令改正,依法给予处分。

第四十四条 县级以上人民政府统计机构或者有关部门违反本条例第二十四条、第二十五条规定公布统计数据的,由本级人民政府、上级人民政府统计机构或者本级人民政府统计机构责令改正,予以通报。

第四十五条 违反国家有关规定对外提供尚未公布的统计资料或者利用尚未公布的统计资料谋取不正当利益的,由任免机关或者监察机关依法给予处分,并由县级以上人民政府统计机构予以通报。

第四十六条 统计机构及其工作人员有下列行为之一的,由本级人民政府或者上级人民政府统计机构责令改正,予以通报:

(一)拒绝、阻碍对统计工作的监督检查和对统计违法行为的查处工作；

（二）包庇、纵容统计违法行为；

（三）向有统计违法行为的单位或者个人通风报信，帮助其逃避查处；

（四）未依法受理、核实、处理对统计违法行为的举报；

（五）泄露对统计违法行为的举报情况。

第四十七条　地方各级人民政府、县级以上人民政府有关部门拒绝、阻碍统计监督检查或者转移、隐匿、篡改、毁弃原始记录和凭证、统计台账、统计调查表及其他相关证明和资料的，由上级人民政府、上级人民政府统计机构或者本级人民政府统计机构责令改正，予以通报。

第四十八条　地方各级人民政府、县级以上人民政府统计机构和有关部门有本条例第四十一条至第四十七条所列违法行为之一的，对直接负责的主管人员和其他直接责任人员，由任免机关或者监察机关依法给予处分。

第四十九条　乡、镇人民政府有统计法第三十八条第一款、第三十九条第一款所列行为之一的，依照统计法第三十八条、第三十九条的规定追究法律责任。

第五十条　下列情形属于统计法第四十一条第二款规定的情节严重行为：

（一）使用暴力或者威胁方法拒绝、阻碍统计调查、统计监督检查；

（二）拒绝、阻碍统计调查、统计监督检查，严重影响相关工作正常开展；

（三）提供不真实、不完整的统计资料，造成严重后果或者恶劣影响；

（四）有统计法第四十一条第一款所列违法行为之一，1 年内被责令改正 3 次以上。

第五十一条　统计违法行为涉嫌犯罪的，县级以上人民政府统计机构应当将案件移送司法机关处理。

第八章 附 则

第五十二条 中华人民共和国境外的组织、个人需要在中华人民共和国境内进行统计调查活动的,应当委托中华人民共和国境内具有涉外统计调查资格的机构进行。涉外统计调查资格应当依法报经批准。统计调查范围限于省、自治区、直辖市行政区域内的,由省级人民政府统计机构审批;统计调查范围跨省、自治区、直辖市行政区域的,由国家统计局审批。

涉外社会调查项目应当依法报经批准。统计调查范围限于省、自治区、直辖市行政区域内的,由省级人民政府统计机构审批;统计调查范围跨省、自治区、直辖市行政区域的,由国家统计局审批。

第五十三条 国家统计局或者省级人民政府统计机构对涉外统计违法行为进行调查,有权采取统计法第三十五条规定的措施。

第五十四条 对违法从事涉外统计调查活动的单位、个人,由国家统计局或者省级人民政府统计机构责令改正或者责令停止调查,有违法所得的,没收违法所得;违法所得50万元以上的,并处违法所得1倍以上3倍以下的罚款;违法所得不足50万元或者没有违法所得的,处200万元以下的罚款;情节严重的,暂停或者取消涉外统计调查资格,撤销涉外社会调查项目批准决定;构成犯罪的,依法追究刑事责任。

第五十五条 本条例自2017年8月1日起施行。1987年1月19日国务院批准、1987年2月15日国家统计局公布,2000年6月2日国务院批准修订、2000年6月15日国家统计局公布,2005年12月16日国务院修订的《中华人民共和国统计法实施细则》同时废止。

全国经济普查条例

（2004 年 9 月 5 日中华人民共和国国务院令第 415 号公布 根据 2018 年 8 月 11 日《国务院关于修改〈全国经济普查条例〉的决定》修订）

第一章　总　　则

第一条　为了科学、有效地组织实施全国经济普查，保障经济普查数据的准确性和及时性，根据《中华人民共和国统计法》，制定本条例。

第二条　经济普查的目的，是为了全面掌握我国第二产业、第三产业的发展规模、结构和效益等情况，建立健全基本单位名录库及其数据库系统，为研究制定国民经济和社会发展规划，提高决策和管理水平奠定基础。

第三条　经济普查工作按照全国统一领导、部门分工协作、地方分级负责、各方共同参与的原则组织实施。

第四条　国家机关、社会团体、企业事业单位、其他组织和个体经营户应当依照《中华人民共和国统计法》和本条例的规定，积极参与并密切配合经济普查工作。

第五条　各级宣传部门应当充分利用报刊、广播、电视、互联网和户外广告等媒体，认真做好经济普查的社会宣传、动员工作。

第六条　经济普查所需经费，由中央和地方各级人民政府共同负担，并列入相应年度的财政预算，按时拨付，确保到位。

经济普查经费应当统一管理、专款专用，从严控制支出。

第七条　经济普查每 5 年进行一次,标准时点为普查年份的 12 月
31 日。

第二章　经济普查对象、范围和方法

第八条　经济普查对象是在中华人民共和国境内从事第二产业、
第三产业活动的全部法人单位、产业活动单位和个体经营户。

第九条　经济普查对象有义务接受经济普查机构和经济普查人员
依法进行的调查。

经济普查对象应当如实、按时填报经济普查表,不得虚报、瞒报、拒
报和迟报经济普查数据。

经济普查对象应当按照经济普查机构和经济普查人员的要求,及
时提供与经济普查有关的资料。

第十条　经济普查的行业范围为第二产业、第三产业所涵盖的行
业,具体行业分类依照以国家标准形式公布的《国民经济行业分类》
执行。

第十一条　经济普查采用全面调查的方法,但对小微企业和个体
经营户的生产经营情况等可以采用抽样调查的方法。

经济普查应当充分利用行政记录等资料。

第三章　经济普查表式、主要内容和标准

第十二条　经济普查按照对象的不同类型,设置法人单位调查表、
产业活动单位调查表和个体经营户调查表。

第十三条　经济普查的主要内容包括:单位基本属性、从业人员、
财务状况、生产经营情况、生产能力、原材料和能源消耗、科技活动情
况等。

第十四条　经济普查采用国家规定的统计分类标准和目录。

第四章　经济普查的组织实施

第十五条　国务院设立经济普查领导小组及其办公室。国务院经济普查领导小组负责经济普查的组织和实施。领导小组办公室设在国家统计局,具体负责经济普查的日常组织和协调。

国务院各有关部门应当各负其责、密切配合,认真做好相关工作。

第十六条　地方各级人民政府设立经济普查领导小组及其办公室,按照国务院经济普查领导小组及其办公室的统一规定和要求,具体组织实施当地的经济普查工作。

街道办事处和居(村)民委员会应当广泛动员和组织社会力量积极参与并认真做好经济普查工作。

第十七条　国务院和地方各级人民政府有关部门设立经济普查机构,负责完成国务院和本级地方人民政府经济普查领导小组办公室指定的经济普查任务。

第十八条　大型企业应当设立经济普查机构,负责本企业经济普查表的填报工作。其他各类法人单位应当指定相关人员负责本单位经济普查表的填报工作。

第十九条　地方各级经济普查机构应当根据工作需要,聘用或者从有关单位商调普查指导员和普查员。各有关单位应当积极推荐符合条件的人员担任普查指导员和普查员。

普查指导员和普查员应当身体健康、责任心强并具有相应的专业知识。

第二十条　聘用人员应当由当地经济普查机构支付劳动报酬。商调人员的工资由原单位支付,其福利待遇保持不变。

第二十一条　地方各级经济普查机构应当统一对普查指导员和普查员进行业务培训,并经考核合格后颁发普查指导员证或者普查员证。普查指导员和普查员在执行经济普查任务时,应当主动出示证件。

普查员负责组织指导经济普查对象填报经济普查表,普查指导员负责指导、检查普查员的工作。

第二十二条 普查指导员和普查员有权查阅法人单位、产业活动单位和个体经营户与经济普查有关的财务会计、统计和业务核算等相关原始资料及有关经营证件,有权要求经济普查对象改正其经济普查表中不确实的内容。

第二十三条 各级经济普查机构在经济普查准备阶段应当进行单位清查,准确界定经济普查表的种类。

各级编制、民政、税务、市场监管以及其他具有单位设立审批、登记职能的部门,负责向同级经济普查机构提供其审批或者登记的单位资料,并共同做好单位清查工作。

县级经济普查机构以本地区现有基本单位名录库为基础,结合有关部门提供的单位资料,按照经济普查小区逐一核实清查,形成经济普查单位名录。

第二十四条 各级经济普查机构应当按照清查形成的单位名录,做好经济普查数据的采集、审核和上报等工作。

法人单位填报法人单位调查表,并负责组织其下属的产业活动单位填报产业活动单位调查表。

第二十五条 各级经济普查机构和经济普查人员依法独立行使调查、报告、监督的职权,任何单位和个人不得干涉。

各地方、各部门、各单位的领导人对经济普查机构和经济普查人员依法提供的经济普查资料不得自行修改,不得强令或者授意经济普查机构、经济普查人员篡改经济普查资料或者编造虚假数据。

第五章 数据处理和质量控制

第二十六条 经济普查的数据处理工作由县级以上各级经济普查机构组织实施。

国务院经济普查领导小组办公室负责提供各地方使用的数据处理标准和程序。

地方各级经济普查机构按照国务院经济普查领导小组办公室的统一要求和标准进行数据处理,并上报经济普查数据。

第二十七条　经济普查数据处理结束后,各级经济普查机构应当做好数据备份和数据入库工作,建立健全基本单位名录库及其数据库系统,并强化日常管理和维护更新。

第二十八条　地方各级经济普查机构应当根据国务院经济普查领导小组办公室的统一规定,建立经济普查数据质量控制岗位责任制,并对经济普查实施中的每个环节实行质量控制和检查验收。

第二十九条　国务院经济普查领导小组办公室统一组织经济普查数据的质量抽查工作,抽查结果作为评估全国及各地区经济普查数据质量的主要依据。

各级经济普查机构应当对经济普查的汇总数据进行认真分析和综合评估。

第六章　数据公布、资料管理和开发应用

第三十条　各级经济普查机构应当按照国家规定发布经济普查公报。

地方各级经济普查机构发布经济普查公报应当经上一级经济普查机构核准。

第三十一条　各级经济普查机构应当认真做好经济普查资料的保存、管理和对社会公众提供服务等项工作,并对经济普查资料进行开发和应用。

第三十二条　各级经济普查机构及其工作人员对在经济普查中所知悉的国家秘密和经济普查对象的商业秘密、个人信息,应当依法履行保密义务。

第三十三条 经济普查取得的单位和个人资料,严格限定用于经济普查的目的,不作为任何单位对经济普查对象实施处罚的依据。

第七章 表彰和处罚

第三十四条 对在经济普查工作中贡献突出的先进集体和先进个人,由各级经济普查机构给予表彰和奖励。

第三十五条 地方、部门、单位的领导人自行修改经济普查资料、编造虚假数据或者强令、授意经济普查机构、经济普查人员篡改经济普查资料或者编造虚假数据的,依法给予处分,并由县级以上人民政府统计机构予以通报。

经济普查人员参与篡改经济普查资料、编造虚假数据的,由县级以上人民政府统计机构责令改正,依法给予处分,或者建议有关部门、单位依法给予处分。

第三十六条 经济普查对象(个体经营户除外)有下列行为之一的,由县级以上人民政府统计机构责令改正,给予警告,可以予以通报;其直接负责的主管人员和其他直接责任人员属于国家工作人员的,依法给予处分:

(一)拒绝或者妨碍接受经济普查机构、经济普查人员依法进行的调查的;

(二)提供虚假或者不完整的经济普查资料的;

(三)未按时提供与经济普查有关的资料,经催报后仍未提供的。

企业事业单位或者其他组织有前款所列行为之一的,可以并处 5 万元以下的罚款;情节严重的,并处 5 万元以上 20 万元以下的罚款。

个体经营户有本条第一款所列行为之一的,由县级以上人民政府统计机构责令改正,给予警告,可以并处 1 万元以下的罚款。

第三十七条 各级经济普查机构应当设立举报电话,接受社会各界对经济普查中单位和个人违法行为的检举和监督,并对举报有功人员给予奖励。

第八章　附　　则

第三十八条　本条例自公布之日起施行。

全国农业普查条例

（2006 年 8 月 23 日国务院令第 473 号公布 ）

第一章　总　　则

第一条　为了科学、有效地组织实施全国农业普查,保障农业普查数据的准确性和及时性,根据《中华人民共和国统计法》,制定本条例。

第二条　农业普查的目的,是全面掌握我国农业、农村和农民的基本情况,为研究制定经济社会发展战略、规划、政策和科学决策提供依据,并为农业生产经营者和社会公众提供统计信息服务。

第三条　农业普查工作按照全国统一领导、部门分工协作、地方分级负责的原则组织实施。

第四条　国家机关、社会团体以及与农业普查有关的单位和个人,应当依照《中华人民共和国统计法》和本条例的规定,积极参与并密切配合农业普查工作。

第五条　各级农业普查领导小组办公室(以下简称普查办公室)和普查办公室工作人员、普查指导员、普查员(以下统称普查人员)依法独立行使调查、报告、监督的职权,任何单位和个人不得干涉。

各地方、各部门、各单位的领导人对普查办公室和普查人员依法提供的农业普查资料不得自行修改,不得强令、授意普查办公室、普查人员和普查对象篡改农业普查资料或者编造虚假数据,不得对拒绝、抵制篡改农业普查资料或者拒绝、抵制编造虚假数据的人员打击报复。

第六条　各级宣传部门应当充分利用报刊、广播、电视、互联网和户外广告等媒体,采取多种形式,认真做好农业普查的宣传动员工作。

第七条　农业普查所需经费,由中央和地方各级人民政府共同负担,并列入相应年度的财政预算,按时拨付,确保足额到位。

农业普查经费应当统一管理、专款专用、从严控制支出。

第八条　农业普查每 10 年进行一次,尾数逢 6 的年份为普查年度,标准时点为普查年度的 12 月 31 日 24 时。特殊地区的普查登记时间经国务院农业普查领导小组办公室批准,可以适当调整。

第二章　农业普查的对象、范围和内容

第九条　农业普查对象是在中华人民共和国境内的下列个人和单位:

(一)农村住户,包括农村农业生产经营户和其他住户;

(二)城镇农业生产经营户;

(三)农业生产经营单位;

(四)村民委员会;

(五)乡镇人民政府。

第十条　农业普查对象应当如实回答普查人员的询问,按时填报农业普查表,不得虚报、瞒报、拒报和迟报。

农业普查对象应当配合县级以上人民政府统计机构和国家统计局派出的调查队依法进行的监督检查,如实反映情况,提供有关资料,不得拒绝、推诿和阻挠检查,不得转移、隐匿、篡改、毁弃原始记录、统计台账、普查表、会计资料及其他相关资料。

第十一条　农业普查行业范围包括:农作物种植业、林业、畜牧业、渔业和农林牧渔服务业。

第十二条　农业普查内容包括:农业生产条件、农业生产经营活动、农业土地利用、农村劳动力及就业、农村基础设施、农村社会服务、

农民生活,以及乡镇、村民委员会和社区环境等情况。

前款规定的农业普查内容,国务院农业普查领导小组办公室可以根据具体情况进行调整。

第十三条 农业普查采用全面调查的方法。国务院农业普查领导小组办公室可以决定对特定内容采用抽样调查的方法。

第十四条 农业普查采用国家统计分类标准。

第十五条 农业普查方案由国务院农业普查领导小组办公室统一制订。

省级普查办公室可以根据需要增设农业普查附表,报经国务院农业普查领导小组办公室批准后实施。

第三章 农业普查的组织实施

第十六条 国务院设立农业普查领导小组及其办公室。国务院农业普查领导小组负责组织和领导全国农业普查工作。国务院农业普查领导小组办公室设在国家统计局,具体负责农业普查日常工作的组织和协调。

第十七条 地方各级人民政府设立农业普查领导小组及其办公室,按照国务院农业普查领导小组及其办公室的统一规定和要求,负责本行政区域内农业普查的组织实施工作。国家统计局派出的调查队作为农业普查领导小组及其办公室的成员单位,参与农业普查的组织实施工作。

村民委员会应当在乡镇人民政府的指导下做好本区域内的农业普查工作。

第十八条 国务院和地方各级人民政府的有关部门应当积极参与并密切配合普查办公室开展农业普查工作。

军队、武警部队所属农业生产单位的农业普查工作,由军队、武警部队分别负责组织实施。

新疆生产建设兵团的农业普查工作,由新疆生产建设兵团农业普查领导小组及其办公室负责组织实施。

第十九条　农村的普查现场登记按普查区进行。普查区以村民委员会管理地域为基础划分,每个普查区可以划分为若干个普查小区。

城镇的普查现场登记,按照普查方案的规定进行。

第二十条　每个普查小区配备一名普查员,负责普查的访问登记工作。每个普查区至少配备一名普查指导员,负责安排、指导和督促检查普查员的工作,也可以直接进行访问登记。

普查指导员和普查员主要由有较高文化水平的乡村干部、村民小组长和其他当地居民担任。

普查指导员和普查员应当身体健康、责任心强。

第二十一条　普查办公室根据工作需要,可以聘用或者从其他有关单位借调人员从事农业普查工作。有关单位应当积极推荐符合条件的人员从事农业普查工作。

聘用人员应当由聘用单位支付劳动报酬。借调人员的工资由原单位支付,其福利待遇保持不变。

农业普查经费中应当对村普查指导员、普查员安排适当的工作补贴。

第二十二条　地方普查办公室应当对普查指导员和普查员进行业务培训,并对考核合格的人员颁发全国统一的普查指导员证或者普查员证。

第二十三条　普查人员有权就与农业普查有关的问题询问有关单位和个人,要求有关单位和个人如实提供有关情况和资料、修改不真实的资料。

第二十四条　普查人员应当坚持实事求是,恪守职业道德,拒绝、抵制农业普查工作中的违法行为。

普查人员应当严格执行普查方案,不得伪造、篡改普查资料,不得强令、授意普查对象提供虚假的普查资料。

普查指导员和普查员执行农业普查任务时,应当出示普查指导员证或者普查员证。

第二十五条 普查员应当依法直接访问普查对象,当场进行询问、填报。普查表填写完成后,应当由普查对象签字或者盖章确认。普查对象应当对其签字或者盖章的普查资料的真实性负责。

普查人员应当对其负责登记、审核、录入的普查资料与普查对象签字或者盖章的普查资料的一致性负责。

普查办公室应当对其加工、整理的普查资料的准确性负责。

第四章 数据处理和质量控制

第二十六条 农业普查数据处理方案和实施办法,由国务院农业普查领导小组办公室制订。

地方普查办公室应当按照数据处理方案和实施办法的规定进行数据处理,并按时上报普查数据。

第二十七条 农业普查的数据处理工作由设区的市级以上普查办公室组织实施。

第二十八条 普查办公室应当做好数据备份和加载入库工作,建立健全农业普查数据库系统,并加强日常管理和维护更新。

第二十九条 国家建立农业普查数据质量控制制度。

普查办公室应当对普查实施中的每个环节实行质量控制和检查验收。

第三十条 普查人员实行质量控制工作责任制。

普查人员应当按照普查方案的规定对普查数据进行审核、复查和验收。

第三十一条 国务院农业普查领导小组办公室统一组织农业普查数据的事后质量抽查工作。抽查结果作为评估全国或者各省、自治区、直辖市农业普查数据质量的重要依据。

第五章　数据公布、资料管理和开发应用

第三十二条　国家建立农业普查资料公布制度。

农业普查汇总资料,除依法予以保密的外,应当及时向社会公布。

全国农业普查数据和各省、自治区、直辖市的主要农业普查数据,由国务院农业普查领导小组办公室审定并会同国务院有关部门公布。

地方普查办公室发布普查公报,应当报经上一级普查办公室核准。

第三十三条　普查办公室和普查人员对在农业普查工作中搜集的单个普查对象的资料,应予保密,不得用于普查以外的目的。

第三十四条　普查办公室应当做好农业普查资料的保存、管理和为社会公众提供服务等工作,并对农业普查资料进行开发和应用。

第三十五条　县级以上各级人民政府统计机构和有关部门可以根据农业普查结果,对有关常规统计的历史数据进行修正,具体办法由国家统计局规定。

第六章　表彰和处罚

第三十六条　对认真执行本条例,忠于职守,坚持原则,做出显著成绩的单位和个人,应当给予奖励。

第三十七条　地方、部门、单位的领导人自行修改农业普查资料,强令、授意普查办公室、普查人员和普查对象篡改农业普查资料或者编造虚假数据,对拒绝、抵制篡改农业普查资料或者拒绝、抵制编造虚假数据的人员打击报复的,依法给予行政处分或者纪律处分,并由县级以上人民政府统计机构或者国家统计局派出的调查队给予通报批评;构成犯罪的,依法追究刑事责任。

第三十八条　普查人员不执行普查方案,伪造、篡改普查资料,强令、授意普查对象提供虚假普查资料的,由县级以上人民政府统计机构

或者国家统计局派出的调查队责令改正,依法给予行政处分或者纪律处分,并可以给予通报批评。

第三十九条 农业普查对象有下列违法行为之一的,由县级以上人民政府统计机构或者国家统计局派出的调查队责令改正,给予通报批评;情节严重的,对负有直接责任的主管人员和其他直接责任人员依法给予行政处分或者纪律处分:

(一)拒绝或者妨碍普查办公室、普查人员依法进行调查的;

(二)提供虚假或者不完整的农业普查资料的;

(三)未按时提供与农业普查有关的资料,经催报后仍未提供的;

(四)拒绝、推诿和阻挠依法进行的农业普查执法检查的;

(五)在接受农业普查执法检查时,转移、隐匿、篡改、毁弃原始记录、统计台账、普查表、会计资料及其他相关资料的。

农业生产经营单位有前款所列违法行为之一的,由县级以上人民政府统计机构或者国家统计局派出的调查队予以警告,并可以处5万元以下罚款;农业生产经营户有前款所列违法行为之一的,由县级以上人民政府统计机构或者国家统计局派出的调查队予以警告,并可以处1万元以下罚款。

农业普查对象有本条第一款第(一)、(四)项所列违法行为之一的,由公安机关依法给予治安管理处罚。

第四十条 普查人员失职、渎职等造成严重后果的,应当依法给予行政处分或者纪律处分,并可以由县级以上人民政府统计机构或者国家统计局派出的调查队给予通报批评。

第四十一条 普查办公室应当设立举报电话和信箱,接受社会各界对农业普查违法行为的检举和监督,并对举报有功人员给予奖励。

第七章 附 则

第四十二条 本条例自公布之日起施行。

全国人口普查条例

（2010 年 5 月 24 日国务院令第 576 号公布　自 2010 年 6 月 1 日起施行）

第一章　总　　则

第一条　为了科学、有效地组织实施全国人口普查,保障人口普查数据的真实性、准确性、完整性和及时性,根据《中华人民共和国统计法》,制定本条例。

第二条　人口普查的目的是全面掌握全国人口的基本情况,为研究制定人口政策和经济社会发展规划提供依据,为社会公众提供人口统计信息服务。

第三条　人口普查工作按照全国统一领导、部门分工协作、地方分级负责、各方共同参与的原则组织实施。

国务院统一领导全国人口普查工作,研究决定人口普查中的重大问题。地方各级人民政府按照国务院的统一规定和要求,领导本行政区域的人口普查工作。

在人口普查工作期间,各级人民政府设立由统计机构和有关部门组成的人口普查机构(以下简称普查机构),负责人口普查的组织实施工作。

村民委员会、居民委员会应当协助所在地人民政府动员和组织社会力量,做好本区域的人口普查工作。

国家机关、社会团体、企业事业单位应当按照《中华人民共和国统计法》和本条例的规定,参与并配合人口普查工作。

第四条 人口普查对象应当按照《中华人民共和国统计法》和本条例的规定,真实、准确、完整、及时地提供人口普查所需的资料。

人口普查对象提供的资料,应当依法予以保密。

第五条 普查机构和普查机构工作人员、普查指导员、普查员(以下统称普查人员)依法独立行使调查、报告、监督的职权,任何单位和个人不得干涉。

地方各级人民政府、各部门、各单位及其负责人,不得自行修改普查机构和普查人员依法搜集、整理的人口普查资料,不得以任何方式要求普查机构和普查人员及其他单位和个人伪造、篡改人口普查资料,不得对依法履行职责或者拒绝、抵制人口普查违法行为的普查人员打击报复。

第六条 各级人民政府应当利用报刊、广播、电视、互联网和户外广告等媒介,开展人口普查的宣传动员工作。

第七条 人口普查所需经费,由国务院和地方各级人民政府共同负担,并列入相应年度的财政预算,按时拨付,确保足额到位。

人口普查经费应当统一管理、专款专用,从严控制支出。

第八条 人口普查每10年进行一次,尾数逢0的年份为普查年度,标准时点为普查年度的11月1日零时。

第九条 国家统计局会同国务院有关部门制定全国人口普查方案(以下简称普查方案),报国务院批准。

人口普查应当按照普查方案的规定执行。

第十条 对认真执行本条例,忠于职守、坚持原则,做出显著成绩的单位和个人,按照国家有关规定给予表彰和奖励。

第二章 人口普查的对象、内容和方法

第十一条 人口普查对象是指普查标准时点在中华人民共和国境

内的自然人以及在中华人民共和国境外但未定居的中国公民,不包括在中华人民共和国境内短期停留的境外人员。

第十二条 人口普查主要调查人口和住户的基本情况,内容包括姓名、性别、年龄、民族、国籍、受教育程度、行业、职业、迁移流动、社会保障、婚姻、生育、死亡、住房情况等。

第十三条 人口普查采用全面调查的方法,以户为单位进行登记。

第十四条 人口普查采用国家统计分类标准。

第三章 人口普查的组织实施

第十五条 人口普查登记前,公安机关应当按照普查方案的规定完成户口整顿工作,并将有关资料提交本级人口普查机构。

第十六条 人口普查登记前应当划分普查区,普查区以村民委员会、居民委员会所辖区域为基础划分,每个普查区划分为若干普查小区。

第十七条 每个普查小区应当至少有一名普查员,负责入户登记等普查工作。每个普查区应当至少有一名普查指导员,负责安排、指导、督促和检查普查员的工作,也可以直接进行入户登记。

第十八条 普查指导员和普查员应当具有初中以上文化水平,身体健康,责任心强。

第十九条 普查指导员和普查员可以从国家机关、社会团体、企业事业单位借调,也可以从村民委员会、居民委员会或者社会招聘。借调和招聘工作由县级人民政府负责。

国家鼓励符合条件的公民作为志愿者参与人口普查工作。

第二十条 借调的普查指导员和普查员的工资由原单位支付,其福利待遇保持不变,并保留其原有工作岗位。

招聘的普查指导员和普查员的劳动报酬,在人口普查经费中予以安排,由聘用单位支付。

第二十一条　普查机构应当对普查指导员和普查员进行业务培训,并对考核合格的人员颁发全国统一的普查指导员证或者普查员证。

普查指导员和普查员执行人口普查任务时,应当出示普查指导员证或者普查员证。

第二十二条　人口普查登记前,普查指导员、普查员应当绘制普查小区图,编制普查小区户主姓名底册。

第二十三条　普查指导员、普查员入户登记时,应当向人口普查对象说明人口普查的目的、法律依据以及人口普查对象的权利和义务。

第二十四条　人口普查对象应当按时提供人口普查所需的资料,如实回答相关问题,不得隐瞒有关情况,不得提供虚假信息,不得拒绝或者阻碍人口普查工作。

第二十五条　人口普查对象应当在普查表上签字或者盖章确认,并对其内容的真实性负责。

第二十六条　普查人员应当坚持实事求是,恪守职业道德,拒绝、抵制人口普查工作中的违法行为。

普查机构和普查人员不得伪造、篡改普查资料,不得以任何方式要求任何单位和个人提供虚假的普查资料。

第二十七条　人口普查实行质量控制岗位责任制,普查机构应当对人口普查实施中的每个环节实行质量控制和检查,对人口普查数据进行审核、复查和验收。

第二十八条　国家统计局统一组织人口普查数据的事后质量抽查工作。

第四章　人口普查资料的管理和公布

第二十九条　地方各级普查机构应当按照普查方案的规定进行数据处理,并按时上报人口普查资料。

第三十条　人口普查汇总资料,除依法应当保密的外,应当予以公布。

全国和各省、自治区、直辖市主要人口普查数据,由国家统计局以公报形式公布。

地方人民政府统计机构公布本行政区域主要人口普查数据,应当报经上一级人民政府统计机构核准。

第三十一条　各级人民政府统计机构应当做好人口普查资料的管理、开发和应用,为社会公众提供查询、咨询等服务。

第三十二条　人口普查中获得的原始普查资料,按照国家有关规定保存、销毁。

第三十三条　人口普查中获得的能够识别或者推断单个普查对象身份的资料,任何单位和个人不得对外提供、泄露,不得作为对人口普查对象作出具体行政行为的依据,不得用于人口普查以外的目的。

人口普查数据不得作为对地方人民政府进行政绩考核和责任追究的依据。

第五章　法律责任

第三十四条　地方人民政府、政府统计机构或者有关部门、单位的负责人有下列行为之一的,由任免机关或者监察机关依法给予处分,并由县级以上人民政府统计机构予以通报;构成犯罪的,依法追究刑事责任:

(一)自行修改人口普查资料、编造虚假人口普查数据的;

(二)要求有关单位和个人伪造、篡改人口普查资料的;

(三)不按照国家有关规定保存、销毁人口普查资料的;

(四)违法公布人口普查资料的;

(五)对依法履行职责或者拒绝、抵制人口普查违法行为的普查人员打击报复的;

(六)对本地方、本部门、本单位发生的严重人口普查违法行为失察的。

第三十五条 普查机构在组织实施人口普查活动中有下列违法行为之一的,由本级人民政府或者上级人民政府统计机构责令改正,予以通报;对直接负责的主管人员和其他直接责任人员,由任免机关或者监察机关依法给予处分:

(一)不执行普查方案的;

(二)伪造、篡改人口普查资料的;

(三)要求人口普查对象提供不真实的人口普查资料的;

(四)未按照普查方案的规定报送人口普查资料的;

(五)违反国家有关规定,造成人口普查资料毁损、灭失的;

(六)泄露或者向他人提供能够识别或者推断单个普查对象身份的资料的。

普查人员有前款所列行为之一的,责令其停止执行人口普查任务,予以通报,依法给予处分。

第三十六条 人口普查对象拒绝提供人口普查所需的资料,或者提供不真实、不完整的人口普查资料的,由县级以上人民政府统计机构责令改正,予以批评教育。

人口普查对象阻碍普查机构和普查人员依法开展人口普查工作,构成违反治安管理行为的,由公安机关依法给予处罚。

第三十七条 县级以上人民政府统计机构应当设立举报电话和信箱,接受社会各界对人口普查违法行为的检举和监督。

第六章 附 则

第三十八条 中国人民解放军现役军人、人民武装警察等人员的普查内容和方法,由国家统计局会同国务院有关部门、军队有关部门规定。

交通极为不便地区的人口普查登记的时间和方法,由国家统计局会同国务院有关部门规定。

第三十九条　香港特别行政区、澳门特别行政区的人口数,按照香港特别行政区政府、澳门特别行政区政府公布的资料计算。

台湾地区的人口数,按照台湾地区有关主管部门公布的资料计算。

第四十条　为及时掌握人口发展变化情况,在两次人口普查之间进行全国1‰人口抽样调查。全国1‰人口抽样调查参照本条例执行。

第四十一条　本条例自 2010 年 6 月 1 日起施行。

统计违法违纪行为处分规定

（2009 年 3 月 25 日国家监察委员会、人力资源和社会保障部、国家统计局令第 18 号公布　自 2009 年 5 月 1 日起施行）

第一条　为了加强统计工作，提高统计数据的准确性和及时性，惩处和预防统计违法违纪行为，促进统计法律法规的贯彻实施，根据《中华人民共和国统计法》、《中华人民共和国行政监察法》、《中华人民共和国公务员法》、《行政机关公务员处分条例》及其他有关法律、行政法规，制定本规定。

第二条　有统计违法违纪行为的单位中负有责任的领导人员和直接责任人员，以及有统计违法违纪行为的个人，应当承担纪律责任。属于下列人员的（以下统称有关责任人员），由任免机关或者监察机关按照管理权限依法给予处分：

（一）行政机关公务员；

（二）法律、法规授权的具有公共事务管理职能的事业单位中经批准参照《中华人民共和国公务员法》管理的工作人员；

（三）行政机关依法委托的组织中除工勤人员以外的工作人员；

（四）企业、事业单位、社会团体中由行政机关任命的人员。

法律、行政法规、国务院决定和国务院监察机关、国务院人力资源社会保障部门制定的处分规章对统计违法违纪行为的处分另有规定的，从其规定。

第三条　地方、部门以及企业、事业单位、社会团体的领导人员有下列行为之一的，给予记过或者记大过处分；情节较重的，给予降级或

者撤职处分;情节严重的,给予开除处分:

（一）自行修改统计资料、编造虚假数据的;

（二）强令、授意本地区、本部门、本单位统计机构、统计人员或者其他有关机构、人员拒报、虚报、瞒报或者篡改统计资料、编造虚假数据的;

（三）对拒绝、抵制篡改统计资料或者对拒绝、抵制编造虚假数据的人员进行打击报复的;

（四）对揭发、检举统计违法违纪行为的人员进行打击报复的。

有前款第（三）项、第（四）项规定行为的,应当从重处分。

第四条　地方、部门以及企业、事业单位、社会团体的领导人员,对本地区、本部门、本单位严重失实的统计数据,应当发现而未发现或者发现后不予纠正,造成不良后果的,给予警告或者记过处分;造成严重后果的,给予记大过或者降级处分;造成特别严重后果的,给予撤职或者开除处分。

第五条　各级人民政府统计机构、有关部门及其工作人员在实施统计调查活动中,有下列行为之一的,对有关责任人员,给予记过或者记大过处分;情节较重的,给予降级或者撤职处分;情节严重的,给予开除处分:

（一）强令、授意统计调查对象虚报、瞒报或者伪造、篡改统计资料的;

（二）参与篡改统计资料、编造虚假数据的。

第六条　各级人民政府统计机构、有关部门及其工作人员在实施统计调查活动中,有下列行为之一的,对有关责任人员,给予警告、记过或者记大过处分;情节较重的,给予降级处分;情节严重的,给予撤职处分:

（一）故意拖延或者拒报统计资料的;

（二）明知统计数据不实,不履行职责调查核实,造成不良后果的。

第七条　统计调查对象中的单位有下列行为之一,情节较重的,对

有关责任人员,给予警告、记过或者记大过处分;情节严重的,给予降级或者撤职处分;情节特别严重的,给予开除处分:

(一)虚报、瞒报统计资料的;

(二)伪造、篡改统计资料的;

(三)拒报或者屡次迟报统计资料的;

(四)拒绝提供情况、提供虚假情况或者转移、隐匿、毁弃原始统计记录、统计台账、统计报表以及与统计有关的其他资料的。

第八条 违反国家规定的权限和程序公布统计资料,造成不良后果的,对有关责任人员,给予警告或者记过处分;情节较重的,给予记大过或者降级处分;情节严重的,给予撤职处分。

第九条 有下列行为之一,造成不良后果的,对有关责任人员,给予警告、记过或者记大过处分;情节较重的,给予降级或者撤职处分;情节严重的,给予开除处分:

(一)泄露属于国家秘密的统计资料的;

(二)未经本人同意,泄露统计调查对象个人、家庭资料的;

(三)泄露统计调查中知悉的统计调查对象商业秘密的。

第十条 包庇、纵容统计违法违纪行为的,对有关责任人员,给予记过或者记大过处分;情节较重的,给予降级或者撤职处分;情节严重的,给予开除处分。

第十一条 受到处分的人员对处分决定不服的,依照《中华人民共和国行政监察法》、《中华人民共和国公务员法》、《行政机关公务员处分条例》等有关规定,可以申请复核或者申诉。

第十二条 任免机关、监察机关和人民政府统计机构建立案件移送制度。

任免机关、监察机关查处统计违法违纪案件,认为应当由人民政府统计机构给予行政处罚的,应当将有关案件材料移送人民政府统计机构。人民政府统计机构应当依法及时查处,并将处理结果书面告知任免机关、监察机关。

人民政府统计机构查处统计行政违法案件,认为应当由任免机关或者监察机关给予处分的,应当及时将有关案件材料移送任免机关或者监察机关。任免机关或者监察机关应当依法及时查处,并将处理结果书面告知人民政府统计机构。

第十三条　有统计违法违纪行为,应当给予党纪处分的,移送党的纪律检查机关处理。涉嫌犯罪的,移送司法机关依法追究刑事责任。

第十四条　本规定由国家监察委员会、人力资源社会保障部、国家统计局负责解释。

第十五条　本规定自 2009 年 5 月 1 日起施行。

统计执法监督检查办法

(2017 年 7 月 5 日中华人民共和国国家统计局令第 21 号公布　根据 2018 年 11 月 20 日《国家统计局关于修改〈统计执法监督检查办法〉的决定》修订　根据 2019 年 11 月 14 日《国家统计局关于修改〈统计执法监督检查办法〉的决定》修订)

第一章　总　　则

第一条　为了规范统计执法监督检查工作,保护公民、法人和其他组织的合法权益,保障和提高统计数据质量,根据《中华人民共和国统计法》《中华人民共和国行政处罚法》和《中华人民共和国统计法实施条例》等法律、行政法规,制定本办法。

第二条　本办法适用于县级以上人民政府统计机构对执行统计法律法规规章情况的监督检查和对统计违法行为的查处。

第三条　国家统计局统计执法监督局在国家统计局领导下,具体负责对全国统计执法监督检查工作的组织管理,指导监督地方统计机构和国家调查队统计执法监督检查机构工作,检查各地方、各部门统计法执行情况,查处重大统计违法行为。

省级及市级统计执法监督检查机构在所属统计局或者国家调查队领导下,具体负责指导监督本地区、本系统统计执法监督检查工作,对本地区、本系统统计法执行情况的检查和查处统计违法行为。县级统计执法监督检查机构或者执法检查人员在所属统计局或者国家调查队领导下,依据法定分工负责本地区、本系统统计执法监督检查工作。

地方统计机构和国家调查队应当建立统计执法监督检查沟通协作机制。

第四条　县级以上人民政府有关部门在同级人民政府统计机构的组织指导下,负责监督本部门统计调查中执行统计法情况,对本部门统计调查中发生的统计违法行为,移交同级人民政府统计机构予以处理。

第五条　各级人民政府统计机构应当建立行政执法监督检查责任制和问责制,切实保障统计执法监督检查所需的人员、经费和其他工作条件。

第六条　统计执法监督检查应当贯彻有法必依、执法必严、违法必究的方针,坚持预防、查处和整改相结合,坚持教育与处罚相结合,坚持实事求是、客观公正、统一规范、文明执法、高效廉洁原则。

统计执法监督检查中,与执法监督检查对象有利害关系以及其他可能影响公正性的人员,应当回避。

第七条　县级以上人民政府统计机构应当畅通统计违法举报渠道,公布统计违法举报电话、通信地址、网络专栏、电子邮箱等,认真受理、核实、办理统计违法举报。

第八条　县级以上人民政府统计机构应当建立统计违法行为查处情况报告制度,定期向上一级统计机构报告统计违法举报、统计执法监督检查和统计违法行为查处情况。

第二章　统计执法监督检查机构和执法检查人员

第九条　县级以上人民政府统计机构健全统计执法监督检查队伍,完善统计执法监督检查机制,建立统计执法骨干人才库,确保在库人员服从设库机构的调用。

第十条　统计执法监督检查机构和执法检查人员的主要职责是:

(一)起草制定统计法律法规规章和规范性文件;

（二）宣传、贯彻统计法律法规规章；

（三）组织、指导、监督、管理统计执法监督检查工作；

（四）依法查处统计违法行为，防范和惩治统计造假、弄虚作假；

（五）组织实施统计执法"双随机"抽查，受理、办理、督办统计违法举报；

（六）建立完善统计信用制度，建立实施对统计造假、弄虚作假的联合惩戒机制；

（七）监督查处涉外统计调查活动和民间统计调查活动中的违法行为；

（八）法律、法规和规章规定的其他职责。

第十一条　执法检查人员应当参加培训，经考试合格，取得由国家统计局统一颁发的统计执法证。

经县级以上人民政府统计机构批准，可以聘用专业技术人员参与统计执法监督检查。

第十二条　统计执法监督检查机构应当加强对所属执法检查人员的法律法规、统计业务知识、职业道德教育和执法监督检查技能培训，健全管理、考核和奖惩制度。

第三章　统计执法监督检查

第十三条　县级以上人民政府统计机构和有关部门应当建立统计执法监督检查工作机制和相关制度，综合运用"双随机"抽查、专项检查、重点检查、实地核查等方式，组织开展本地区、本部门、本单位统计执法监督检查工作。

按照国家有关规定，实施统计执法监督检查全过程记录制度。

第十四条　统计执法监督检查事项包括：

（一）地方各级人民政府、政府统计机构和有关部门以及各单位及其负责人遵守、执行统计法律法规规章和国家统计规则、政令情况；

（二）地方各级人民政府、政府统计机构和有关部门建立防范和惩治统计造假、弄虚作假责任制和问责制情况；

（三）统计机构和统计人员依法独立行使统计调查、统计报告、统计监督职权情况；

（四）国家机关、企业事业单位和其他组织以及个体工商户和个人等统计调查对象遵守统计法律法规规章、统计调查制度情况；

（五）依法开展涉外统计调查和民间统计调查情况；

（六）法律法规规章规定的其他事项。

第十五条　县级以上人民政府统计机构对接到的举报应当严格按照规定予以受理，经审核可能存在统计违法行为的，应当采取立案查处、执法检查办理，市级以上人民政府统计机构也可以按照规定将举报转交下级统计机构办理。

第十六条　县级以上人民政府统计机构在组织实施统计执法监督检查前应当拟定检查方案，明确检查的依据、时间、范围、内容和组织形式等。

第十七条　统计执法监督检查机构或者执法检查人员组织实施执法监督检查前，应报所属人民政府统计机构负责人批准。

第十八条　统计执法监督检查机构进行执法监督检查时，执法检查人员不得少于2名，并应当出示国家统计局统一颁发的统计执法证，告知检查对象和有关单位实施检查的人民政府统计机构名称，检查的依据、范围、内容和方式，以及相应的权利、义务和法律责任。未出示统计执法证的，有关单位和个人有权拒绝接受检查。

第十九条　县级以上人民政府统计机构调查统计违法行为或者核查统计数据时，依据《统计法》第三十五条的规定，行使统计执法监督检查职权。

第二十条　检查对象和有关单位应当按照统计法律法规规定，积极配合执法监督检查工作，为检查工作提供必要的条件保障。有关人员应当如实回答询问、反映情况，提供相关证明和资料，核实笔录，并在有关证明、资料和笔录上签字,涉及单位的加盖公章。拒绝签字或者盖章的,由执法检查人员现场记录原因并录音录像。

有关地方、部门、单位应当及时通知相关人员按照要求接受检查。

第二十一条 统计执法监督检查机构在执法监督检查过程中,应当及时按规定制作执法文书,如实记录执法检查人员询问情况和检查对象反映的情况以及提供的证明和资料,由执法检查人员在有关笔录上签名。

第二十二条 县级以上人民政府统计机构和执法检查人员对在执法监督检查过程中知悉的国家秘密、商业秘密、个人信息资料和能够识别或者推断单个调查对象身份的资料,负有保密义务。

第二十三条 统计执法监督检查机构应当在调查结束后,及时向所属人民政府统计机构提交监督检查报告,报告检查中发现的问题并提出处理建议。处理建议包括:

(一)发现有统计违法行为,符合立案查处条件的,予以立案查处;

(二)发现统计违法事实不清、证据不足或者程序错误的,应当及时补充或者重新调查;

(三)按照违法行为性质、情节,提请上一级或者移交下级人民政府统计机构立案查处;

(四)未发现统计违法行为或者统计违法事实轻微,依法不应追究法律责任的,不予处理。

第四章 统计违法行为的处罚

第二十四条 查处统计违法案件应当做到事实清楚,证据确凿,定性准确,处理恰当,适用法律正确,符合法定程序。

第二十五条 国家统计局负责查处情节严重或影响恶劣的统计造假、弄虚作假案件,对国家重大统计部署贯彻不力的案件,重大国情国力调查中发生的严重统计造假、弄虚作假案件,其他重大统计违法案件。

省级统计局依法负责查处本行政区域内统计造假、弄虚作假案件，违反国家统计调查制度以及重要的地方统计调查制度的案件。但是国家调查总队组织实施的统计调查中发生的统计造假、弄虚作假案件，违反国家统计调查制度案件，由组织实施统计调查的国家调查总队进行查处。

市级、县级统计局和国家统计局市级、县级调查队，发现本行政区域内统计造假、弄虚作假违法行为的，应当及时报告省级统计机构依法查处；依法负责查处本行政区域内其他统计违法案件。

第二十六条　统计执法监督检查机构具体负责查处统计违法行为，统计执法队接受所属统计机构委托开展有关执法检查工作。

第二十七条　对下列统计违法行为，县级以上人民政府统计机构应当依法立案：

（一）各地方、各部门、各单位及其负责人违反统计法律法规规章的；

（二）县级以上人民政府统计机构及其工作人员违反统计法律法规规章的；

（三）国家机关、企业事业单位和其他组织以及个体工商户等调查对象违反统计法律法规规章的；

（四）违反国家统计规则、政令的；

（五）违反涉外统计调查和民间统计调查有关法律法规规章的；

（六）其他按照法律法规规章规定应当立案的。

第二十八条　立案查处的统计违法行为，应当同时具备下列条件：

（一）有明确的行为人；

（二）有违反本办法第二十七条所列行为，依法应当追究法律责任；

（三）属于人民政府统计机构职责权限和管辖范围。

统计执法监督检查机构或者执法检查人员按照前款规定的条件，对拟立案的有关材料进行初步审查并提出初步处理意见，报送所属人民政府统计机构负责人批准后,予以立案查处。

第二十九条 立案查处的案件,一般案件执法检查人员不得少于 2 人,重大案件应当按规定组成执法检查组。

第三十条 执法检查人员应当合法、客观、全面地收集证据。收集证据过程中,执法检查人员应当及时制作《现场检查笔录》《调查笔录》等文书,并整理制作《证据登记表》。

案件证据应当与本案件有关联,包括书证、物证、电子数据、视听资料、证人证言、当事人陈述、鉴定结论和勘验笔录等以及其他可证明违法事实的材料。

第三十一条 调查结束后,执法检查组或者执法检查人员应当及时形成监督检查报告,报送所属人民政府统计机构负责人。

监督检查报告内容包括:立案依据、检查情况、违法事实、法律依据、违法性质、法律责任、酌定情形、处理意见等。

第三十二条 统计执法监督检查机构应当及时组织召开会议,对案件进行讨论审理,确定统计违法行为性质和处理决定,报统计机构负责人审查。对情节复杂或者重大违法行为给予较重的行政处罚,应当集体讨论决定。

在审理过程中发现统计违法事实不清、证据不足或者程序错误的,应当责成执法检查组或者执法检查人员及时补充或者重新调查。

第三十三条 统计违法案件审理终结,应当分别以下情况作出处理:

(一)违反统计法律法规规章证据不足,或者统计违法事实情节轻微,依法不应追究法律责任的,即行销案;

(二)违反统计法律法规规章事实清楚、证据确凿的,依法作出处理;

(三)违反统计法律法规规章和国家统计规则、政令,应当给予处分的,移送任免机关或者纪检监察机关处理;

(四)违反统计法律法规规章和国家统计规则、政令,被认定为统计严重失信的,按照国家有关规定进行公示和惩戒;

(五)涉嫌违反其他法律法规规定的,移交有关行政机关处理;

（六）涉嫌犯罪的，移送司法机关、监察机关处理。

第三十四条　统计违法事实清楚、证据确凿，依法决定予以行政处罚的，应当在作出行政处罚决定前，制作《统计行政处罚决定告知书》，向处罚对象告知给予行政处罚的事实、理由、依据和处罚对象依法享有的权利。处罚对象对处罚决定进行陈述、申辩，提出不同意见时，统计执法监督检查机构应当认真听取。处罚对象提出新的事实、理由和证据，统计执法监督检查机构应当进行复核，复核成立的，予以采纳。

第三十五条　县级以上人民政府统计机构作出对法人或者其他组织5万元以上罚款，对个体工商户作出2000元以上罚款的行政处罚决定前，应当告知处罚对象有要求举行听证的权利。处罚对象要求听证的，作出处罚决定的统计机构应当依法组织听证。

处罚对象应当在收到《统计行政处罚决定告知书》3日内向作出处罚决定的统计机构提出听证要求，作出处罚决定的统计机构应当在听证的7日前通知处罚对象举行听证的时间和地点。

听证由统计机构指定的非本案执法检查人员主持，处罚对象认为主持人与本案有直接利害关系的，有权申请回避。举行听证时，执法检查人员提出处罚对象违法的事实、证据和处罚建议，处罚对象进行申辩和质证。听证应当制作笔录，笔录应当交处罚对象审核无误后签字或者盖章。

听证结束后，统计机构依照本办法第三十三条作出处罚决定。

第三十六条　统计违法行为应当给予行政处罚的，依法作出处罚决定，制作《统计行政处罚决定书》。《统计行政处罚决定书》应当载明下列事项：

（一）处罚对象的名称或者姓名、地址；

（二）违反统计法律法规规章的事实和证据；

（三）统计行政处罚的种类和依据；

（四）统计行政处罚的履行方式和期限；

（五）不服统计行政处罚决定，申请行政复议或者提起行政诉讼的途径和期限；

(六)作出统计行政处罚决定的统计机构名称和作出决定的日期。

统计行政处罚决定书必须盖有作出统计行政处罚决定的统计机构的印章。

第三十七条 县级以上人民政府统计机构应当在《统计行政处罚决定书》作出后7日内送达处罚对象。处罚对象应当在送达回执上签字盖章,并注明签收日期。处罚对象拒绝接收的,应当在其他人员见证下,由送达人员、见证人员在送达回执上签字并注明理由,将《统计行政处罚决定书》留置;处罚对象不能接收的,应当在其他人员见证下,由送达人员、见证人员在送达回执上签字并注明理由。

邮寄送达的,应当通过中国邮政挂号寄送。

第三十八条 统计行政处罚决定作出后,处罚对象应当在统计行政处罚决定的期限内予以履行。处罚对象对统计行政处罚决定不服,申请行政复议或者提起行政诉讼的,统计行政处罚不停止执行。

统计执法监督检查机构应当及时掌握统计行政处罚的执行情况。

第三十九条 立案查处的统计违法行为,应当在立案后3个月内处理完毕;因特殊情况需要延长办理期限的,应当按规定报经批准,但延长期限不得超过3个月。

第四十条 统计违法事实清楚并有法定依据,对法人或者其他组织予以警告或者警告并处1000元以下罚款行政处罚的,可以适用简易处罚程序,当场作出统计行政处罚决定。

第四十一条 统计违法行为处理决定执行后,应当及时结案。

结案应当撰写结案报告,报送所属人民政府统计机构负责人同意,予以结案。

第四十二条 县级以上人民政府统计机构在查处统计违法案件时,认为对有关国家工作人员应当给予处分处理的,应当按照有关规定提出处分处理建议,并将案件材料和处分处理建议移送具有管辖权的任免机关或者纪检机关、监察机关、组织(人事)部门。

第四十三条　立案查处和执法检查的典型、严重统计违法案件,应当按照有关规定予以曝光。

对具有严重统计造假弄虚作假情形的,应当依法认定为统计上严重失信,按照有关规定予以公示和惩戒。

第五章　法律责任

第四十四条　县级以上人民政府统计机构负责人、执法检查人员及其相关人员在统计执法监督检查中有下列行为之一的,由统计机构予以通报,由任免机关或者纪检监察机关给予处分:

(一)包庇、纵容统计违法行为;

(二)瞒案不报,压案不查;

(三)未按规定受理、核查、处理统计违法举报;

(四)未按法定权限、程序和要求开展统计执法监督检查,造成不良后果;

(五)违反保密规定,泄露举报人或者案情;

(六)滥用职权,徇私舞弊;

(七)其他违纪违法行为。

第四十五条　县级以上人民政府统计机构负责人、执法检查人员及其相关人员在统计执法监督检查中,违反有关纪律的,依纪依法给予处分。

第四十六条　县级以上人民政府统计机构负责人、执法检查人员及其相关人员泄露在检查过程中知悉的国家秘密、商业秘密、个人信息资料和能够识别或者推断单个调查对象身份的资料,依纪依法给予处分。

第六章　附　　则

第四十七条　本办法自公布之日起施行。

统计调查证管理办法

(2017 年 6 月 26 日国家统计局令第 19 号公布 自 2017 年 9 月 1 日起施行)

第一条 为保障政府统计调查工作顺利进行,规范统计调查证的颁发和管理工作,根据《中华人民共和国统计法》《中华人民共和国统计法实施条例》等法律法规,制定本办法。

第二条 统计调查证是统计调查人员依法执行政府统计调查任务时证明其身份的有效证件。统计调查人员依法进行政府统计调查活动时,应当主动向统计调查对象出示统计调查证。

县级以上人民政府统计机构工作人员也可以持本单位颁发的工作证执行政府统计调查任务。

全国性普查的普查员和普查指导员,持普查员证或者普查指导员证依法执行普查任务。

第三条 统计调查证由国家统计局统一格式,省级人民政府统计机构、国家统计局调查总队印制,县级以上地方人民政府统计机构、国家统计局各级调查队颁发。

省级人民政府统计机构、国家统计局调查总队依照本办法建立统计调查证核发和管理制度。

第四条 统计调查证可以颁发给下列人员:

(一)县级以上人民政府统计机构工作人员中,直接执行政府统计调查任务的调查人员;

(二)县级以上人民政府统计机构聘用的调查人员。

第五条 取得统计调查证的人员应当经过专业培训,具备相关的统计知识和调查技能。

第六条　取得统计调查证,应当由本人填写登记表,经本人所在单位或者聘用单位审查,报省级人民政府统计机构或者国家统计局调查总队核准后,由本人所在单位或者聘用单位颁发。

第七条　统计调查证应当标明下列内容:

(一)持证人姓名、性别、出生年月;

(二)持证人照片;

(三)持证人所在单位或者聘用单位名称;

(四)发证机关、证件编号;

(五)发证日期、有效期限。

第八条　持证人员的职责是:

(一)宣传、执行统计法律、法规、规章和统计调查制度;

(二)依法开展统计调查,如实搜集、报送统计资料;

(三)要求有关统计调查对象依法真实、准确、完整、及时提供统计资料;

(四)对其负责搜集、审核、录入的统计资料与统计调查对象报送的统计资料的一致性负责,依法要求统计调查对象改正不真实、不准确、不完整的统计资料。

持证人员对在政府统计调查中知悉的统计调查资料负有保密义务。

第九条　发证机关应当加强对持证人员的管理。

持证人员不再从事政府统计调查活动或者统计调查证有效期届满的,由发证机关收回统计调查证。

第十条　持证人员应当妥善保管统计调查证,不得涂改、转借、故意毁损统计调查证,不得使用统计调查证进行与政府统计调查无关的活动。

第十一条　持证人员有下列情况之一的,由县级以上人民政府统计机构予以批评教育,并可以收缴统计调查证。情节较重,属于国家工作人员的,依纪依法给予处分;不属于国家工作人员的,解除聘用合同。构成违反治安管理行为的,依法予以治安管理处罚;构成犯罪的,依法追究刑事责任:

(一)有统计违法行为;

(二)将统计调查证转借他人使用;

(三)利用统计调查证从事与政府统计调查无关的活动;

(四)泄露统计调查资料。

第十二条 任何单位违反本办法规定,伪造、变造或者冒用统计调查证的,由县级以上人民政府统计机构责令改正,予以警告,予以通报。对非经营活动中发生上述违法行为的,还可以处 1000 元以下的罚款。对经营活动中发生上述违法行为,有违法所得的,可以处违法所得 1 倍以上 3 倍以下但不超过 3 万元的罚款;没有违法所得,还可以处 1 万元以下的罚款。

对有前款违法行为的有关责任人员,由县级以上人民政府统计机构责令改正予以警告,可以予以通报,可以处 1000 元以下的罚款;构成违反治安管理行为的,依法予以治安管理处罚;构成犯罪的,依法追究刑事责任。

第十三条 对县级以上人民政府统计机构聘用的执行一次性统计调查任务的调查人员,可以颁发临时统计调查证。

临时统计调查证的颁发、管理由省级人民政府统计机构、国家统计局调查总队规定。

第十四条 省级人民政府统计机构、国家统计局调查总队应当根据本办法制定本地区、本系统统计调查证管理实施办法。

第十五条 本办法自 2017 年 9 月 1 日起实施。国家统计局 2007 年 8 月 27 日公布的《统计调查证管理办法》同时废止。

涉外调查管理办法

（2004 年 10 月 13 日国家统计局令第 7 号公布施行）

第一章　总　　则

第一条　为了加强对涉外调查的规范和管理，维护国家安全和社会公共利益，保障调查机构和调查对象的合法权益，根据《中华人民共和国统计法》及其实施细则，制定本办法。

第二条　本办法所称涉外调查，包括：

（一）受境外组织、个人或者境外组织在华机构委托、资助进行的市场调查和社会调查；

（二）与境外组织、个人或者境外组织在华机构合作进行的市场调查和社会调查；

（三）境外组织在华机构依法进行的市场调查；

（四）将调查资料、调查结果提供给境外组织、个人或者境外组织在华机构的市场调查和社会调查。

第三条　本办法所称市场调查，是指收集整理有关商品和商业服务在市场中的表现和前景信息的活动。

本办法所称社会调查，是指市场调查之外，以问卷、访谈、观察或者其他方式，收集、整理和分析有关社会信息的活动。

本办法所称境外，是指中华人民共和国关境外；境内，是指中华人民共和国关境内。

本办法所称境外组织在华机构,是指经我国政府批准,境外组织在境内设立的分支机构和常驻代表机构。

本办法所称涉外调查机构,是指依法取得涉外调查许可证的机构。

第四条 国家统计局会同国务院有关部门负责对全国的涉外调查实施监督管理。县级以上地方各级人民政府统计机构会同同级人民政府有关部门负责对本行政区域内的涉外调查实施监督管理。

第五条 国家统计局和省级人民政府统计机构及其工作人员对在涉外调查管理中知悉的商业秘密,负有保密义务。

第六条 从事涉外调查,必须遵守我国法律、法规、规章和国家有关规定。

第七条 任何组织、个人不得进行可能导致下列后果的涉外调查:

(一)违背宪法确定的基本原则的;

(二)危害国家统一、主权和领土完整的;

(三)窃取、刺探、收买、泄露国家秘密或者情报,危害国家安全、损害国家利益的;

(四)违反国家宗教政策,破坏民族团结的;

(五)扰乱社会经济秩序,破坏社会稳定,损害社会公共利益的;

(六)宣传邪教、迷信的;

(七)进行欺诈活动,侵害他人合法权益的;

(八)法律、法规、规章和国家有关规定认定的其他情形。

第八条 国家实行涉外调查机构资格认定制度和涉外社会调查项目审批制度。

第九条 涉外市场调查必须通过涉外调查机构进行,涉外社会调查必须通过涉外调查机构报经批准后进行。

境外组织和个人不得在境内直接进行市场调查和社会调查,不得通过未取得涉外调查许可证的机构进行市场调查和社会调查。

第二章　涉外调查机构资格认定和管理

第十条　国家统计局和省、自治区、直辖市人民政府统计机构负责对申请涉外调查许可证的机构进行资格认定。

任何个人和未取得涉外调查许可证的组织,不得以任何形式进行涉外调查。

第十一条　申请涉外调查许可证的机构,应当具备下列条件:

(一)依法成立,具有法人资格;

(二)经营范围或业务范围包含市场调查或者社会调查内容;

(三)具有熟悉国家有关涉外调查管理规定的人员;

(四)具备与所从事涉外调查相适应的调查能力;

(五)在申请之日前一年内开展三项以上调查项目,或者调查营业额达到三十万元;

(六)有严格、健全的资料保密制度;

(七)在最近两年内无重大违法记录。

第十二条　业务范围中含有市场调查内容的境外组织在华机构,具备第十一条第(三)、(六)、(七)项条件的,可以申请涉外调查许可证,在境内直接进行与本机构有关的商品或者商业服务的市场调查;但是,不得从事社会调查。

第十三条　申请涉外调查许可证,应当提交下列文件:

(一)涉外调查许可证申请表;

(二)用以证明第十一条或者第十二条所列内容的其他材料。

第十四条　申请涉外调查许可证的机构,调查范围跨省、自治区、直辖市行政区域的,向国家统计局提出;调查范围限于省、自治区、直辖市行政区域内的,向所在省、自治区、直辖市人民政府统计机构提出。

国家统计局或者省、自治区、直辖市人民政府统计机构应当自受理之日起二十日内,作出批准或者不批准的决定。逾期不能作出决定的,经本行政机关负责人批准,可以延长十日,并将延长期限的理由告知申请人。决定批准的,颁发涉外调查许可证;决定不批准的,应当书面通知申请人,并说明理由。

　　第十五条　国家统计局颁发的涉外调查许可证,在全国范围内有效。省、自治区、直辖市人民政府统计机构颁发的涉外调查许可证,在本行政区域内有效。

　　第十六条　涉外调查许可证应当注明调查机构的名称、登记类型、法定代表人或者主要负责人、住所和颁发机关、颁发日期、编号、许可范围、有效期等项内容。

　　第十七条　涉外调查机构的名称、登记类型、法定代表人或者主要负责人、住所等发生变更的,应当向原颁发机关申请变更涉外调查许可证。

　　第十八条　涉外调查许可证的有效期为三年。

　　涉外调查机构需要延续涉外调查许可证有效期的,应当在有效期届满三十日前向原颁发机关提出申请。逾期未提出的,将不再延续涉外调查许可证的有效期。

　　第十九条　终止涉外调查业务的,应当在终止业务后三十日内,向原颁发机关缴回涉外调查许可证。

　　涉外调查许可证有效期届满的,应当在届满后三十日内,向原颁发机关缴回已过期的涉外调查许可证。

　　第二十条　任何组织、个人不得伪造、冒用或者转让涉外调查许可证。

第三章　涉外调查项目管理

　　第二十一条　国家统计局和省、自治区、直辖市人民政府统计机构负责对涉外社会调查项目的审批。

　　第二十二条　涉外调查机构申请批准涉外社会调查项目时,应提交下列文件：

（一）涉外社会调查项目申请表；

（二）涉外调查许可证复印件；

（三）委托、资助、合作的合同复印件；

（四）调查方案，包括调查的目的、内容、范围、时间、对象、方式等；

（五）调查问卷、表格或者访谈、观察提纲；

（六）与调查项目有关的其他背景材料。

第二十三条　涉外调查机构申请批准涉外社会调查项目，调查范围跨省、自治区、直辖市行政区域的，向国家统计局提出；调查范围限于省、自治区、直辖市行政区域内的，向所在省、自治区、直辖市人民政府统计机构提出。

国家统计局或者省、自治区、直辖市人民政府统计机构应当自受理之日起二十日内，作出批准或者不批准的决定。逾期不能作出决定的，经本行政机关负责人批准，可以延长十日，并将延长期限的理由告知申请人。决定批准的，发给涉外社会调查项目批准文件；决定不批准的，应当书面通知申请人，并说明理由。

第二十四条　经批准的涉外社会调查项目，不得擅自变更；需要变更的，涉外调查机构应当就变更部分向原批准机关提出申请。

审批机关应当依据第二十三条第二款的规定作出批准或者不批准变更的决定。

第二十五条　涉外调查应当遵循自愿的原则，调查对象有权自主决定是否接受调查，任何组织和个人不得强迫调查对象接受调查。

涉外调查机构进行涉外调查时，应当向调查对象说明调查目的，不得冒用其他机构的名义，不得进行误导。

第二十六条　经批准进行的涉外社会调查，应当在调查问卷、表格或者访谈、观察提纲首页显著位置标明并向调查对象说明下列事项：

涉外调查许可证编号；

调查项目的批准机关、批准文号；

本调查为调查对象自愿接受的调查。

第二十七条　涉外调查机构应当建立涉外调查业务档案。

第二十八条　任何组织、个人不得伪造、冒用或者转让涉外社会调查项目批准文件。

第二十九条　涉外调查机构和有关人员对在涉外调查中知悉的商业秘密和个人隐私,负有保密义务。

第四章　法律责任

第三十条　违反本办法第七条规定的,依照《中华人民共和国统计法实施细则》第三十四条的规定予以处罚。

第三十一条　违反本办法规定,有下列情形之一的,由国家统计局或者省级人民政府统计机构责令改正。其调查活动属于非经营性的,可处以五百元至一千元的罚款;其调查活动属于经营性,有违法所得的,可处以相当于违法所得一至三倍但是不超过三万元的罚款;没有违法所得的,可处以三千元至一万元的罚款。构成犯罪的,依法追究刑事责任:

(一)未通过取得涉外调查许可证的机构进行涉外调查的;

(二)未取得涉外调查许可证进行涉外调查的;

(三)伪造、冒用、转让涉外调查许可证、涉外社会调查项目批准文件的;

(四)使用已超过有效期的涉外调查许可证从事涉外调查的;

(五)超出许可范围从事涉外调查的。

第三十二条　涉外调查机构和有关人员违反本办法规定,有下列情形之一的,由国家统计局或者省级人民政府统计机构责令改正。其调查活动属于非经营性的,可处以五百元至一千元的罚款。其调查活动属于经营性,有违法所得的,可处以相当于违法所得一至三倍但是不超过三万元的罚款;没有违法所得的,可处以三千元至一万元的罚款。

构成犯罪的,依法追究刑事责任:

（一）未经批准,擅自进行涉外社会调查的;

（二）未经批准,擅自变更已批准的涉外社会调查项目的;

（三）泄露调查对象商业秘密和个人隐私的;

（四）强迫调查对象接受调查的;

（五）冒用其他机构名义进行涉外调查的;

（六）未建立涉外调查业务档案的;

（七）拒绝接受管理机关检查的;

（八）在接受管理机关检查时,拒绝提供情况和有关材料、提供虚假情况和材料的;

（九）未标明、未向调查对象说明第二十六条规定事项的。

第三十三条　涉外调查机构违反本办法规定,有下列情形之一的,由国家统计局或者省级人民政府统计机构责令改正,给予警告,可处以五百元至一千元的罚款:

（一）涉外调查机构的名称、登记类型、法定代表人或者主要负责人、住所等发生变更,未依法申请变更涉外调查许可证的;

（二）终止涉外调查业务,或者涉外调查许可证有效期届满后,未向原颁发机关缴回涉外调查许可证的。

第三十四条　统计机构工作人员在涉外调查管理中玩忽职守、滥用职权的,依法给予行政处分;构成犯罪的,依法追究刑事责任。

第三十五条　国家统计局和省级人民政府统计机构工作人员泄露在涉外调查管理中知悉的商业秘密,依法承担民事责任,并对负有直接责任的主管人员和其他直接责任人员依法给予行政处分。

第五章　附　　则

第三十六条　我国政府与外国政府及国际组织之间的合作项目中涉及的调查,依据国家有关规定执行。

第三十七条　本办法规定的实施行政许可的期限以工作日计算，不含法定节假日。

第三十八条　本办法自公布之日起施行。1999 年 7 月 16 日国家统计局公布的《涉外社会调查活动管理暂行办法》同时废止。

统计严重失信企业信用管理办法

（2022 年 5 月 19 日国家统计局令第 35 号公布　自公布之日起施行）

第一章　总　　则

第一条　为推进统计领域信用建设，规范统计严重失信企业信用管理，按照党中央、国务院关于推进诚信建设、完善失信约束决策部署，根据《中华人民共和国统计法》《中华人民共和国统计法实施条例》等相关法律法规规定，制定本办法。

第二条　本办法适用于统计机构对企业的统计严重失信行为及其信息进行认定、记录、归集、共享、公开、惩戒和信用修复等活动。

本办法所称统计机构，是指国家统计局及其派出的调查机构、县级以上地方人民政府统计机构。

本办法所称企业，是指在各级人民政府、县级以上人民政府统计机构和有关部门组织实施的统计活动中，承担统计资料报送义务的企业。

第三条　统计严重失信企业信用管理坚持"谁认定、谁管理、谁负责"的原则，按照依法依规、保护权益、审慎适度的总体思路组织实施。

第四条　国家统计局统一领导全国统计严重失信企业信用管理工作。

县级以上地方人民政府统计机构负责本行政区域内统计严重失信企业的信用管理工作。国家统计局派出的调查机构组织实施的统计调查活动中发生的统计严重失信行为，由组织实施该项统计调查的调查机构负责有关企业的信用管理工作。

县级以上人民政府有关部门对其组织实施的统计调查活动中发现

的统计严重失信行为线索,应当移送同级人民政府统计机构依法处理。

第五条 统计机构应当归集、保存履职过程中采集的统计严重失信企业信息,按国家有关规定实施共享。

第二章 认定条件和程序

第六条 企业有下列统计违法行为之一,且属于《中华人民共和国统计法实施条例》第五十条所列情节严重的,统计机构应当认定其为统计严重失信企业。

(一)拒绝提供统计资料或者经催报后仍未按时提供统计资料的;

(二)提供不真实或者不完整的统计资料的;

(三)拒绝答复或者不如实答复统计检查查询书的;

(四)拒绝、阻碍统计调查、统计检查的;

(五)转移、隐匿、篡改、毁弃或者拒绝提供原始记录和凭证、统计台账、统计调查表及其他相关证明和资料的;

(六)其他统计严重失信行为。

第七条 统计机构对符合统计严重失信认定条件的企业,应当在该企业行政处罚决定生效后 5 个工作日内制作统计严重失信企业认定告知书,告知事由、依据、后果以及享有的陈述、申辩权利,依照《中华人民共和国民事诉讼法》规定的送达方式送达。

第八条 企业自收到统计严重失信认定告知书之日起 5 个工作日内,可以向作出认定的统计机构提出陈述、申辩。

统计机构认为企业提交的陈述、申辩材料不完整的,应当告知企业在规定时限内补充相关材料。

统计机构应当充分听取企业的意见,对企业提出的事实、理由和证据进行复核;企业提出的事实、理由或者证据成立的,统计机构应当采纳。

第九条 统计机构应当在企业提交陈述、申辩材料时限截止之日起 7 个工作日内作出决定。统计机构认定企业为统计严重失信企业

的,应当制作统计严重失信企业认定决定书,载明以下事项:

企业名称及其法定代表人或者负责人;

统一社会信用代码;

认定事由、依据;

公示渠道、期限和其他严重失信惩戒措施;

信用修复条件和程序;

申请行政复议和提起行政诉讼的途径和期限;

作出认定决定的统计机构名称和认定日期。

统计严重失信企业认定决定书应当依照《中华人民共和国民事诉讼法》规定的送达方式送达。

第三章　信用惩戒和修复

第十条　统计机构应当自作出统计严重失信企业认定决定之日起10个工作日内向社会公示统计严重失信信息,包括:

(一)企业基本信息,包括企业名称、地址、统一社会信用代码、法定代表人或者负责人等;

(二)统计违法行为;

(三)依法处理情况;

(四)其他相关信息。

第十一条　公示统计严重失信企业信息不得泄露国家秘密、商业秘密、个人隐私,不得危害国家安全和社会公共利益。

第十二条　统计机构应当在本机构门户网站建立统计严重失信企业信息公示专栏公示统计严重失信企业信息,并将公示信息推送到上一级统计机构公示专栏。

未开通门户网站的统计机构,应当将本机构认定的统计严重失信企业信息在上一级统计机构公示专栏公示。

省级统计机构应当及时搜集本机构及市、县级统计机构认定的统计严重失信企业信息,按要求在认定后 10 个工作日内报送国家统计局,由国家统计局统一按规定推送至全国信用信息共享平台和国家企业信用信息公示系统,并在"信用中国"网站公示。

第十三条 统计严重失信企业的公示期为 1 年。公示期限届满 3 日内,统计机构应当将统计严重失信信息移出统计机构门户网站,并同步将移出信息推送至全国信用信息共享平台和国家企业信用信息公示系统。

被认定为统计严重失信企业之日起 2 年内,企业再次被认定为统计严重失信企业的,自再次认定之日起公示 3 年。

第十四条 公示期间,作出认定的统计机构应当加强对统计严重失信企业的日常监管,适当提高抽查频次,指导企业改正统计违法行为。

第十五条 统计严重失信企业公示满 6 个月后,已经履行行政处罚决定、改正统计违法行为且未再发生统计违法行为的,可以向作出认定的统计机构提出信用修复申请。

第十六条 申请信用修复的企业,应当向作出认定的统计机构提交信用修复申请书,包括履行行政处罚决定、整改到位证明材料及统计守信承诺等内容。

第十七条 统计机构应当在收到企业信用修复申请书之日起 20 个工作日内,对统计严重失信企业的整改情况进行核实,并作出决定。

同意信用修复的,统计机构应当及时将统计严重失信信息移出统计机构门户网站,并同步将修复信息推送至全国信用信息共享平台和国家企业信用信息公示系统。

不同意信用修复的,统计机构应当书面告知企业,并说明理由。

第十八条 统计严重失信企业弄虚作假骗取信用修复的,作出认定的统计机构应当撤销信用修复的决定,并自撤销之日起重新公示 1 年。

第四章 救济和监督

第十九条 作出认定的统计机构发现统计严重失信企业认定的依

据或者公示的信息不准确,应当在 2 个工作日内更正。

上级统计机构发现下级统计机构认定的依据或者公示的信息不准确,应当要求下级统计机构在 2 个工作日内更正。

统计严重失信企业有证据证明其被认定的依据或者公示的信息不准确,可以要求作出认定决定的统计机构进行更正。统计机构经核实确认信息不准确的,应当在 2 个工作日内更正。

第二十条　统计严重失信企业对统计机构作出的认定决定或者信用修复决定不服,可以依法申请行政复议或者提起行政诉讼。

第二十一条　任何单位和个人有权举报企业统计严重失信行为和统计机构在统计严重失信企业信用管理工作中的违法行为。

第二十二条　统计机构未按本办法履行职责的,由上一级统计机构责令改正;情节严重的,对负有责任的主管人员和其他直接责任人员依法依规追究责任。

第五章　附　　则

第二十三条　县级以上地方人民政府统计机构、国家统计局派出的调查机构,可以根据工作职责结合本地区、本系统实际情况对企业开展统计信用评价,实行信用分级管理。

第二十四条　本办法由国家统计局负责解释。省级地方人民政府统计机构、国家统计局调查总队可以根据本办法制定本地区、本系统统计严重失信企业信用管理实施细则,并报国家统计局备案。

第二十五条　本办法自公布之日起实施。《企业统计信用管理办法》(国统字〔2019〕33 号)、《统计从业人员统计信用档案管理办法》(国统字〔2019〕34 号)同时废止。